영어 질문 독서법

★ ★ ★ ★ 대치동 아이들은 이렇게 '영어'합니다 ★ ★ ★ ★

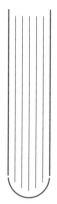

영어 질문
독서법

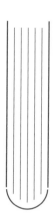

대치동 헤더샘 지음

더블북

글을 이해하고
사고하는 힘을 키우는
영어 질문 독서

온라인 채널을 운영하다 보면 하루에도 여러 건의 영어 학습과 관련한 상담을 받는다. 상담 내용 대부분은 현재 아이가 진행하고 있는 영어 학습 수준이 맞는지, 이대로 진행해도 되는지에 대한 학부모의 고민이다. 특히나 영어유치원, 영어도서관 등 어릴 때부터 영어 공부를 시작하는 아이들이 많아지다 보니 중고등학교, 입시까지 이어질 수 있는 영어 교육에 대한 관심이 높다.

먼저 현행 입시에 대해서 생각해보자. 수능 영어가 절대평가가 되었다고 해서 쉽게 여길 수 없는 것은 1등급 비율을 보면 알 수 있다. 2022년 수능 영어 1등급 비율은 6.25%, 2023년은

7.83%이다. 모의고사에서도 1등급 비율은 7%대를 유지했다. 절대평가라고 해서 1등급 비율이 대폭 늘지 않는다. 난이도를 조정하면서 적정 비율을 유지하고 있다는 것을 알 수 있다. 이렇게 상위권 비율은 비슷하게 유지하거나 전년도에 비해 늘었는데 중위권 비율에는 변화가 보였다. 2, 3등급 비율은 전년도 대비 3~4% 감소한 것이다. 이는 고난이도 문항에서 제시된 지문을 이해하고 글의 의미를 정확하게 파악하는 힘, 즉 '독해력'이 부족했던 학생들에게는 시험이 어렵게 느껴졌다는 뜻이다.

입시 이후는 어떠한가. ChatGPT의 상용화로 IT 분야에서 AI의 발전은 가속화되고 있다. 많은 전문가들 또한 앞으로의 미래는 AI가 주도할 것이라고 이야기한다. 그렇게 된다면 우리 아이들이 살아갈 시대와 일자리의 형태 역시 지금과는 완전히 달라질 것이라고 예측된다.

가장 먼저 어설프게 아는 영어는 소용이 없어질 것이다. AI를 활용하는 것이 훨씬 정확하기 때문이다. 대신 영어를 자유자재로 사용할 줄 안다면 무엇보다 강력한 무기가 될 수도 있다. 더불어 앞으로 우리가 계발해야 하는 인간 고유의 능력은 무엇일까? 바로 AI가 엄선한 정보를 이해하고, 여기에 새로운 질문을 던짐으로써 원하는 정보를 얻어내는 '문해력'이야말로 가장 필요한 능력이 될 것이다.

그런데 현실은 국어는 국어대로, 영어는 영어대로 공부하기 바쁘다. 아이들은 학교 진도와 학원 숙제를 해내느라 충분히 생각해볼 시간을 갖지도 못한다. 열심히 하는데도 늘 시간에 쫓기는 아이를 볼 때마다 부모의 불안은 가중되고 있다. 방법은 없는 것일까? 아이가 스스로 생각할 힘을 키우며 영어 실력까지 쌓는 학습법은 무엇일까?

나는 수업 현장에서 얻은 경험과 연구를 통해 영어 독서와 질문하는 독서 공부법이 두 마리 토끼를 한 번에 잡는 데 가장 효과적임을 발견했다. 특히 영어에 대한 노출이 적은 우리나라 교육환경에서 가장 효과적으로 영어를 배우고 익히는 방법은 영어 독서이다. 거기에 더해 질문을 활용한 영어 독서는 단순히 영어 실력을 쌓는 것 이상으로 아이들이 글을 이해하고 생각하는 힘을 키우는 데 효과가 컸다. 탄탄한 영어 실력과 사고력, 문해력이 더해지니 상급학교에 진학해 과목 수가 늘고, 입시제도가 바뀌어도 흔들림이 없었다.

영어 독서에 대한 많은 도서들이 '무엇'을 읽을지에 대해 말하고 있다. 그러나 이 책은 아이들에게 영어 원서를 '어떻게' 읽힐 것인가에 대해 말할 것이다. 영어를 시작하는 아이부터 문장이 복잡한 소설을 읽는 아이까지 어떻게 하면 영어 독서를 통해 영어

내공을 쌓을 수 있을지 영어 독서 단계별 솔루션을 제시한다. 이 책을 통해 만나게 될 '영어 학습을 성공으로 이끄는 영어 질문 독서법'이 영어 교육의 방향성을 잡지 못하는 많은 학부모에게 도움이 되길 바라는 마음이다. 그 진심이 전해지길 바라며 영어 독서, 시작해보자.

5장   단계별 영어 글쓰기

6장 엄마표 영어 고민, 이제 말끔히 해결하자

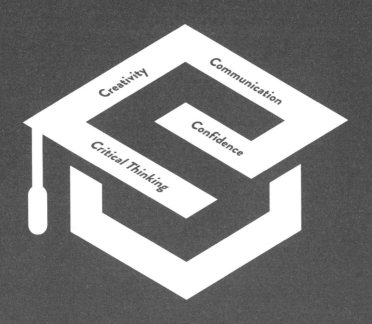

1장

왜 영어 독서인가

미래를 읽는 힘은
독서에서 나온다

메가스터디를 창립한 손주은 회장이 '앞으로 대한민국의 미래'라는 주제로 입시 설명회를 진행한 적이 있다. 설명회에서 그는 맹목적인 입시 공부를 비판했다. 교육 기업의 총수가 이렇게 대대적으로 입시 공부를 시키지 말라고 나서는 이유는 무엇일까? 그는 우리 아이들이 살아갈 시대는 저성장, 4차 산업혁명의 시대로 대부분의 직업은 사라지거나 대체될 것이며, 지금까지 살아왔던 것과는 완전 다른 시대가 올 거라고 전망했다. 그러니 대학을 잘 가는 것이 목표가 아닌 개인의 다양성과 창의성이 요구되는 시대가 올 것이라고 내다봤다.

손주은 회장이 말했던 미래를 우리는 코로나19 팬데믹을 지나며 미리 경험하기도 했다. 공교육이 무너지고 일자리는 줄어들었다. 자영업은 무너졌고, 기업은 신입사원 공채를 실시하지 않는다. 전문성 있는 인재만 뽑겠다는 것이다. 맥킨지 리포트에 의하면 코로나19 이후로도 재택이나 원격근무가 계속될 것이며, 고객과 직접적인 상호작용이 많은 업무는 자동화와 AI 도입이 더욱 가속화될 것이라고 한다. 최근에는 ChatGPT의 출현으로 AI가 더 이상 기업의 전유물이 아닌 개인도 언제 어디서든 쓸 수 있게 상용화되었다.

바이브컴퍼니의 송길영 부사장은 저서 『그냥 하지 말라』에서 표준화되었던 업무의 시대는 끝나고 창의적인 일을 하고, 각자의 창의성이 시너지 효과를 일으키는 방향으로 인간의 일이 바뀌어 갈 것이라고 말한다. 그 또한 미래 사회 인간의 일은 콘텐츠 크리에이터이거나 플랫폼 프로바이더, 두 갈래로 정의했다.

그렇다면 자신의 콘텐츠가 있는 사람은 어떤 사람일까? 우선 자신이 어떤 사람인지, 무엇을 좋아하고 잘하는지 파악할 수 있는 사람이다. 그리고 자신이 좋아하는 것에 대한 전문성을 키워 자신의 가치를 올려나가는 사람이다. 나만 할 수 있는 이야기가 내 안에 넘치게 쌓여야 진정성 있는 양질의 콘텐츠가 나오며, 그럴 때 이 사회에서 요구하는 '창의성 있는 인재'라 말할 수 있겠다.

이런 능력을 갖추기 위해서는 많이 경험해보아야 한다. 그러나 현실적으로 여러 분야를 직접 경험하는 건 어렵다. 그렇기에 우리에게 독서가 필요하다. 다양한 독서를 통해 간접 경험을 하고 스스로를 반추해보는 것이다. 자신에 대해 정확히 파악하고 나아가 새로운 세상도 배워볼 수 있다. 그러니 이제 독서는 단순히 좋은 성적을 내기 위한 것이 아닌, 인생을 살아가는 데 있어서 필수적인 활동이라 할 수 있다.

그런데 안타깝게도 대한민국의 국민 평균 독서량은 매년 줄고 있다. 문화체육관광부가 공개한 「2021년 국민독서 실태조사」 보고서에 따르면 한국 성인 연간 종합 독서량은 5권에 불과하다. 2019년 대비 2년 만에 38%(3권) 하락한 수치다. 초·중·고 학생의 연간 종합 독서량은 평균 34.4권이다. 학교급별로 살펴보면 초등학생이 연간 66.6권, 중학생 23.5권, 고등학생 12.6권이다. 2019년과 비교하면 6.6권 감소했다. 초등학생의 감소 폭이 매우 컸다. 학생들이 평소 책 읽기가 어렵다고 느끼는 가장 큰 이유는 '스마트폰, 텔레비전, 인터넷, 게임 등을 이용해서(23.7%)'였다. 그다음 이유로는 '교과 공부 때문에 책 읽을 시간이 없어서(21.2%)'였다. 이처럼 초등학교 이후 모든 교육이 입시 위주로 움직이다 보니 독서가 중요한지 알면서도 물리적으로 시간을 내기가 어렵다.

빠르게 변화하는 시대에서 결국 중요한 능력은 변화의 흐름을 읽어내고, 올바른 방향을 찾는 알맞은 질문을 할 수 있으며, 소통을 통해 필요한 정보를 얻어내는 것이다. 그리고 이 능력을 키울 수 있는 것은 독서이다. 급할수록 돌아가야 한다는 말이 있다. 지금부터 차근차근 우리말 독서와 함께 영어로 독서를 해나간다면 언어에 국한되지 않고 자유롭게 원하는 정보를 얻을 수 있게 될 것이다. 이것이야말로 불안한 미래를 준비할 수 있는 나만의 경쟁력이 될 것이다.

대한민국에서
영어 공부하기

초등 영어 교육과정

우리나라 공립학교는 2023년 기준 3학년부터 영어 수업을 한다. 초등 영어 교육과정은 대부분 말하기 중심이다. 아이들은 간단하게 알파벳을 익힌 후 바로 여러 상황에 따른 '대화' 위주의 영어 본문을 마주하게 된다. 영어를 처음 접하는 아이라면 알파벳을 익힌 이후 바로 난이도가 오른 문장으로 가기 때문에 준비 없이는 학교 수업을 따라가기 버거울 수 있다.

초등학교 영어 수업은 한 반에서도 수준 차이가 크다. 알파벳을 처음 익히는 학생부터 미국 초등학교 3-4학년 수준의 영어 실력을 가진 학생까지 폭이 다양하다. 사정이 이렇다 보니 고학년으로 갈수록 이 차이가 커지고 양극화 현상이 일어난다. 일찌감치 영어에 대한 흥미를 잃는 학생이 속출하는 이유가 여기 있다. 영어에 재미를 느낄 사이도 없이 바로 학습 내용의 수준이 높아지고, 학급 내에서도 상대적으로 수준 차가 크니 아이들은 자기효능감보다는 좌절감을 더 빨리 느끼는 것이다.

중고등 영어 교육과정

그렇게 초등학교 과정을 거쳐 올라간 중등과 고등 과정은 어떨까? 중학교 때부터는 일명 '학습식 영어'로 방향을 틀기 시작한다. 초등 영어 교육과정은 여러 차례 개정되어 회화 중심의 수업을 운영하고 있다면, 중고등 영어 교육과정은 여전히 과거에 머물러 있다. 20여 년 전 부모 세대가 배웠던 그대로 어법과 독해 중심의 교육과정이고 평가 또한 다르지 않다. 따라서 '1등급 영어 점수'를 받기 위해서는 무작정 본문을 외우고 어법을 분석해야 한다. 그나마 변화가 있다면 주관식 문제 비율이 늘어난 것인데, 이마저도 문법 형식을 빌려 쓰는 답이 대부분이다.

이런 중고등의 주입식 영어 교육은 영어를 자유자재로 읽고 말할 수 있는 아이라도 본문 암기 없이는 높은 내신 점수를 딸 수 없다. 영어를 얼마나 잘하느냐에 대한 평가보다 얼마나 짜여진 틀에 맞게 쓰느냐가 평가 기준이기 때문이다. 그렇다면 학습식 영어 공부는 얼마나 해야 하는 걸까?

높은 수준의 수능 영어

2023학년도 수능 영어 출제 난이도는 평균 AR 10이었다. 그 말은 수능 지문의 수준이 미국 고등학교 1학년(10학년)에 준하는 수준이라는 것이다. 이는 객관적으로도 어려운 시험이다. 다음 표를 참고해보면 수능 독해 지문의 레벨을 확인할 수 있다. 쉽게는 4점대 문항부터 13점대 문항까지 다양하게 분포되어 있다. 레벨 5는 미국 학년 5학년을 나타내는 말이다. 예로 5.9이면 5학년 9개월 차 수준이라는 뜻이다. 즉, 수능 영어 독해의 수준은 미국 초등학교 4학년 수준부터 미국 고등학교 3학년 수준까지의 난이도를 갖고 있다고 해석할 수 있다.

수능 영어 시험은 듣기와 지문 독해 두 영역으로 나뉜다. 총 45문항 중에서 17문제는 듣기, 나머지 28문제는 지문을 읽고 문제를 푸는 식이다. 독해 능력은 단순히 고급 어휘를 많이 안다고 길러지는 것이 아니다. 문장 구조와 글의 내용 이해 능력이 뒷받

수능 영어 AR 레벨 분석

문항 번호	Text Level				
	2021	2020	2019	2018	2017
18	5.9	5.9	7.2	7.2	7.3
19	4.5	6	3.9	5.8	4.4
20	9.5	10.9	10.9	8.5	10.3
21	9.2	8.3	9.5	7.7	12
22	11.3	10.2	13.5	11.8	11.7
23	11	11.2	13.3	12.8	11.8
24	7.9	13.7	10.8	9.6	10
25	9	11.5	10.1	8.6	9.1
26	10	8.7	9.3	9.4	8.2
27	6.4	8.8	7.7	8.3	5.8
28	5.4	7	5.7	7.8	9.2
29	11.8	10.9	8.4	10.3	8.9
30	8.2	9.3	9.9	7	8.5
31	13.1	11.5	10	12.1	11.6
32	11.5	10.7	11.4	6.2	11.8
33	11.7	9.3	11.8	11.9	9.8
34	11.3	11.4	11.1	1.8	11.4
35	10.6	10.1	9.9	11.7	7
36	9.9	10.2	11.4	10.3	9.7
37	12	12.1	11.1	10.5	8.8
38	11	12.7	9.9	10.7	9.6
39	10.1	11	9.8	11	10.2
40	11.3	10.9	13.7	13.4	13.6
41~42	11.9	11.3	11.2	9.8	9.8
43~45	5.3	4.6	5.6	5.3	7.7
평균 Level	9.592	9.928	9.884	9.54	9.528

침되어야 하며, 문법을 외운다고 해서 글이 이해되는 것도 아니다. 결국 꾸준한 영어 글 읽기를 통해 글의 맥락을 파악하는 감이 있어야 한다. 중고등 영어 수업에 충실했다 해서 수능에서 고득점을 내기는 쉽지 않은 것이다. 수능 영어 독해 지문에는 특정 전문 분야 지식이 나오는 등 콕 집어 공부할 수 없기 때문이다.

수능 영어가 이렇게 어렵다 보니 사교육 시장으로 아이들이 몰릴 수밖에 없다. 어려운 대학 입시에 대비하기 위해서는 초등 때부터 영어의 바탕을 만들어놓아야 한다고 생각하기 때문이다.

2018년 선행을 금지하겠다는 목적으로 초등 1-2학년 방과 후 영어 과정이 없어질 뻔했으나 학부모의 반발로 무산되었다. 아이들의 영어 교육 시기가 왜 이렇게까지 빨라지는지에 대한 깊은 고민 없이 현상만 금지하다가 일어난 일이었다. 공교육에서 영어 교과가 시작되는 초등 3학년 전 영어를 접하고 쓰지 않으면 학교 수업을 따라갈 수 없거니와, 학교 수업만 잘 따라간다고 해서 아이의 입시까지 해결되는 것도 아니다 보니 영어 교육은 고스란히 부모와 아이가 짊어져야 하는 무거운 짐이 되어버렸다.

그런데 이게 끝이 아니다. 초등 3학년부터 영어를 배우기 시작해 적어도 10년의 영어 정규 교육을 받았는데, 성인이 된 이들 중 영어로 말하고 글을 쓰는 것이 자신 있다고 말할 수 있는 사람이 많지 않다. 그래서일까, 성인을 위한 다양한 영어 교육 콘텐츠가 쏟아진다. 열심히 영어를 공부한 것 같은데 도대체 어디서부터 무엇이 잘못되었을까? 영어는 왜 늘 제자리이며, 왜 매번 새로 배워야 하는 걸까? 스펙을 위한 영어는 따로 배워야 할 정도로 지난 10년의 영어 교육이 의미가 없다면 무엇이 잘못되었는지 합리적인 의심을 해봐야 한다.

가장 효율적인 학습법,
영어 독서

앞서 어려운 수능 영어의 독해 지문에 대해서 이야기했다. 영어가 모국어가 아닌 우리 아이들이 미국 고등학교 영어 수준까지 도달하려면 엄청난 시간을 투자해야 한다. 그러나 아이가 영어만 붙잡고 있을 수는 없는 노릇이다. 상급학교로 진학할수록 다른 과목의 공부량도 상당하기에 영어 공부에만 시간을 할애하기 부담스러운 것이 현실이다.

그렇다면 끝까지 흥미를 잃지 않으면서 입시까지 도움이 되는 효율적인 영어 공부법은 무엇일까? 바로 영어 독서가 유일한 답이다.

영어 독서는 쉽고 재밌다

영어 독서는 일단 재밌다. 책 속에는 흥미로운 이야깃거리가 넘친다. 영어 공부를 하자고 말하면 어렵다는 선입견을 갖고 거부하는 아이도 영어책 읽기로 시작하면 쉽고 재밌게 영어 공부를 시작할 수 있다. 물론 처음 영어책을 읽기 시작할 때는 부모의 도움이 필요하다. 그러나 아이가 독립적으로 책을 읽게 되는 순간부터는 아이가 스스로 책을 고르고 이해하는 과정을 거치는 능동적인 활동이 된다. 누가 시켜서 하는 것이 아니니 영어에 대한 거부감은 줄고 학습 효능감은 올라간다. 영어책 읽기를 비롯해 독서가 습관이 되어 꾸준히 지속하게 된다면 영어 독서는 이제 학습이 아닌 일상의 한 부분이 될 수 있다.

영어 레벨을 한 단계 올리는 데 보통 일 년이 걸린다고 하면 영어 독서를 통해서는 3~6개월이면 충분히 그 단계를 뛰어넘을 수 있다. 글을 읽으면서 가속도가 붙기 때문이다. 레벨 11, 12에 도달하기 위해서 11, 12년을 공부하지 않아도 된다는 이야기다. 영어 독서에 시간을 투자하는 것이 오히려 시간을 버는 셈이다.

물론 영어 독서의 결과가 눈에 보이지 않기 때문에 당장은 실력이 느는지 불안하고 답답할 수 있을 것이다. 반면 영어 학원은 바로 퀴즈와 시험을 보면서 점수가 나오고 레벨에 따라 반 이동이 있으니 지금 당장은 실력이 느는 것처럼 보일 수 있다. 그러다 보니 영어 독서를 잘하다가도 학원으로 발길을 옮기게 되는 경우가 많다. 그러나 구체적인 목적이나 가이드라인 없이 영어 학원을 다닐 경우 어느 순간 학습 정체기를 맞게 된다. 숙제는 숙제대로 많기에 따로 영어책을 읽을 시간이 없어서 영어 학습에 생긴 구멍은 점점 커지면서 학원을 다녀도 실력은 제자리에 머물게 되는 것이다. 따라서 학원을 다니더라도 영어 독서 시간은 반드시 확보해 꾸준히 책을 읽어야 한다.

영어 독서는 생각을 만든다

영어 공부의 어려움을 꼽으라면 아무리 공부해도 성적 올리는 게 쉽지 않다는 점을 이야기한다. 독해 지문과 문제만 계속 푼다고 한순간에 추론 능력이 생기진 않는다. 문제를 푸는 기술만 는다. 반면 영어 독서를 통해 탄탄하게 독해력과 영어에 대한 감을 길러놓으면 문해력까지 느는 효과를 톡톡히 볼 수 있다.

독서는 긴 호흡의 글을 이해하는 과정이다. 글을 따라가다 보면 자신만의 생각을 만들면서 근본적인 논리, 추론 능력까지 자란다. 독서를 통해 다양한 작가의 글을 읽어보았기 때문에 시험에서 전문 지식을 요하는 어려운 지문이 나와도 앞뒤 문장을 읽으며 유추할 수 있는 능력을 갖추게 되는 것이다. 간혹 초등학생인데 수능 독해를 풀고 토플을 시작했다는 이야기를 듣곤 한다. 혹자는 너무 빠른 선행이라고 비난할 수 있지만 영어 독서를 통해 탄탄하게 영어 기본기를 밟아온 아이라면 이 이야기가 아예 틀린 말은 아니다.

영어는 언어이다. 언어는 시기에 국한되지 않는다. 언어를 빨리 받아들였고 문해력 또한 이에 맞게 뒷받침된다면 수능 지문이나 토플 지문도 충분히 풀 수 있는 것이다.

영어 독서는 살아 있는 영어다

학부모 상담을 하다 보면 여러 고민 중 하나가 바로 '생활 영어'이다. 단순히 수능을 잘 보기 위한 영어, 교과서를 외워서 점수를 받는 영어가 아니라 자녀가 학교를 졸업하고 나서도 평생 쓸 수 있는 영어를 배웠으면 하는 바람이 큰 것이다. 완벽하지 않더라도 자신감 있게 영어로 말하고 표현하고 싶은 것은 사실 많은 이들이 원하는 능력일 것이다. 그러나 아무리 쉬운 영어 단어라도 주입식의 죽은 영어를 배웠다면 활용하기 어렵다. 한 번 걸러진 정제된 표현을 아무리 공부해도 막상 쓰려고 보면 어색한 표현이거나 정작 원어민은 잘 쓰지 않는 표현인 경우도 있다.

영어 독서는 영어를 그대로 받아들일 수 있는 최적의 공부이다. 영어 원서는 영어를 모국어로 쓰는 영미권 작가들이 쓰고, 그 나라 학생들에게 읽히는 책이다. 따라서 책에는 살아 있는 생생한 표현이 가득하다. 간단한 예를 들어보자.

Name your price.
They shook on it.

두 문장을 구성하고 있는 단어는 우리가 평소에 익히 알 수 있는 어휘이다. name은 '이름', price는 '가격'이라는 뜻이고 shook(shake)은 '흔들다, 악수하다'라는 뜻이다. 분명 단어 각각의 의미는 아는데 문장으로 붙이면 그 의미를 파악하기 어려워진다. 그러나 책을 읽으면서 앞뒤 상황을 살펴보면 Name your price는 원하는 것이나 값을 말해보라는 의미이고, They shook on it은 악수라는 제스처가 합의를 의미하듯 서로 동의했다는 의미가 된다. 동사 get의 의미가 단순히 '얻다'의 뜻만 있는 것이 아니듯 여러 동사의 변형과 상황마다 표현을 외우지 않고도 책의 구문을 통해 생생하게 배우는 것이 영어 독서이다.

영어 독서는 자연스럽다

영어 학습에 대한 관심이 높아지면서 어릴 적부터 영어를 시작할 수 있는 영어유치원이나 어학연수에 대한 상담도 많이 한다. 영어 노출이 충분히 있으면 학습이 좀 더 쉬울 것이라 생각하기 때문이다. 그 말은 맞다. water라는 단어에 바로 '물'이라고 당연하게 생각하게 되는 이유는 그만큼 많이 들어봤기 때문이다. 수백 번, 수천 번 눈과 귀로 익혔고 직접 마시고 느껴봤다. 아이가 처음 '엄마' 소리를 내기까지 만 번 이상 들어야 하는 원리와도 같다. 그러나 현실상 교육·문화적으로 영어 노출은 제한적이다. 그렇기 때문에 최적의 효율과 효과를 낼 수 있는 것이 영어 독서이다.

독서를 통해 영어 단어를 눈으로 보고, 소리 내서 읽고 들으면서 친해지는 것이다. 자연스럽게 노출이 되면 아직 외우지 않았거나 잘 모르는 영어 단어도 '느낌적'으로 아는 경우가 생긴다. 후에 단어를 공부할 때도 이 경험이 크게 도움이 된다.

최근 영어 독서가 붐이 된 것도 단순한 하나의 현상이 아니다. 오래전부터 영어책 읽기의 효과와 중요성을 알고 실천해온 학부모, 교사, 학생들이 있었고, 그들의 실력이 입증되어 왔기에 입소문을 타고 관심이 커지고 있다고 생각한다. 안 해볼 이유가 전혀 없다.

2장

영어 독서 준비하기

영어책 읽기 전에
알아둘 것

영어책은 총 4단계로 나눌 수 있다. 그림책(픽처북) 0~3-6개월 → 리더스 3-6개월~1.5-2년 차 → 챕터북 2년 차~3-4년 차 → 노블 3-4년 차 이상이다.

그림책은 영어 노출이 아예 없는 시기, 즉 영어 유아기 때 접하는 책이다. 영어를 모르기 때문에 부모가 읽어주어야 한다. 알파벳 하나 모르는데 무슨 책인가 싶을 수도 있으나 천천히 영어라는 언어가 어떤 소리를 내는지 들려주어 친숙해지게 만드는 단계이다. 이제 막 태어난 아기는 스스로 먹을 수도 걸을 수도 없다. 가족의 도움을 받으면서 천천히 자신의 능력을 발달시켜 간다. 영어도 똑같다. 누군가가 읽어주는 영어로 시작하고, 단어를 배워나간다. 단어가 문장이 되고, 줄글이 되면서 리더스 시리즈와 챕터북까지 밟아나가게 되는 것이다. 그러고 나서 아이가 스스로 노블(소설책)을 읽게 되면 영어 독립이 완성된다고 볼 수 있다.

영어 독서의 시작은 재미가 전부!

영어책 읽기로 영어를 익히는 법은 학교에서 영어 공부를 하는 방법과는 다르다. 단어를 외우고, 문장에 사용된 어법을 이용해 직독직해하는 방법은 영어책 읽기에서 전혀 도움이 안 된다. 오히려 몰입을 방해한다. 또한 영어책 읽기가 재미없는 공부가 되어버리고 만다. 책 읽기에서 제일 중요한 것은 '재미' 그 자체여야 한다.

책 읽기가 습관이 된 아이들을 살펴보면 의무감이 아니라 즐거운 마음을 가지고 적극적으로 읽고 있었다. 그 아이들은 공부하다가 남는 시간에도, 여행을 떠나는 이동 중간에도, 심지어 밥을 먹는 중에도 책을 붙들고 있다. 한 아이의 부모는 오히려 걱정되어 못 읽게 했다는 이야기를 전하기도 했다.

이처럼 누가 시켜서 읽는 것이 아닌 자발적인 책 읽기가 습관이 되기 위해서는 첫째도, 둘째도, 셋째도 재미와 흥미가 우선이다. 책을 고를 때도 아이가 읽었으면 하는 책을 선택하는 것이 아니라 아이의 흥미를 살피는 것이 먼저다. 요즘 아이들을 보면 주변에 재밌는 것들이 넘쳐난다. 짧고 자극적인 영상물과 SNS 사이에서 긴 호흡의 느린 독서가 살아남기란 쉽지 않아 보인다. 그렇기에 아이를 책 읽기의 세계로 이끌기 위해서는 아이의 관심과 흥미를 똑똑하게 이용하고, 계속 흥미를 느낄 수 있도록 부모의 세심한 관리가 동반되어야 한다.

영어 실력을 확인한다

제아무리 아이가 좋아하는 것에 관한 책이라도 대학 서적만큼이나 글이 많고 어려우면 아이는 책을 거들떠보지도 않을 것이다. 아이가 좋아하는 분야를 확인했다면, 두 번째는 어느 수준으로 영어를 하는지 파악해야 한다. 설사 영어를 읽어낸다고 해도 책 내용을 다 이해했다고도 할 수 없다. 따라서 아이의 영어 실력과 배경지식의 수준을 확인해야 한다.

처음에는 아이의 현재 수준보다 한 단계 낮은 난이도로 접근해본다. 그래야 할 만하고, 아이 스스로도 잘한다는 자신감이 붙을 때 가장 재미를 느낀다.

책 읽는 환경을 만든다

몇 년 전 한 방송에 소설가 김영하 님이 출연해 "책은요, 읽을 책을 사는 게 아니라 산 책 중에 읽는 거예요"라는 말을 했는데, 나는 정말 공감했다. 영어 독서의 중요성을 깨닫고 시작하려는 부모들이 내게 많이 묻는 질문 중 하나는 아이에게 책을 다 사줘야 하느냐는 것이다. 그에 덧붙여 이미 책을 사봤는데 아이가 얼마 읽지 않고 말았다는 불만도 털어놓는다.

집집마다 책장을 보면 아이의 책에 대한 관심이 어느 정도인지 알 수 있다. 그만큼 아이를 둘러싼 환경이 아이에게 영향을 미친다. 자녀를 책 읽는 아이로 키우고 싶은 부모에게 당부하고 싶은 것은 다양한 책을 볼 수 있도록 많은 책을 구비하라는 것이다. 책 추천을 부탁받으면 나는 한 권이 아니라 여러 시리즈를 소개하곤 한다. 거기서 골라서 책을 구매하는 것이 아니라 웬만하면 다 준비하길 바라는 마음이다. 아이가 언제든 시간이 날 때 시선이 가는 곳에 책이 있게 하는 것이 중요하기 때문이다.

그런데 새 책일 필요는 전혀 없다. 먼저 아이와 함께 서점이나 도서관 방문부터 시작해본다. 거기서 아이의 수준에 맞는 책도 골라보고, 어렵지만 나중에 읽어보고 싶은 것도 고르게 한다. 이때 아이의 시선을 사로잡는 등장인물이나 내용, 색감이 어우러져 있는 책이면 훌륭하다. 이렇게 몇 권의 책을 빌리거나 사서 아이가 볼 수 있는 곳에 비치해보자. 그랬는데도 손에 안 가는 책도 나올 것이다. 이것을 실패로 여기고 멈춰선 안 된다. 아이의 관심과 흥미, 수준을 확인해봤으니 책으로써 이미 효과를 다한 것이다. 이렇게 여러 번 새로운 책을 접해보고 드디어 아이가 관심 있는 책을 발견했다면 이때는 그 책의 시리즈를 준비한다. 관심 있는 책에 푹 빠질 수 있도록 유도하는 것이다. 간혹 아이가 좋아하는 책의 수준이 너무 낮아서 더 읽게 하는 것을 꺼려하는 부모도 있는데, 이것은 오해다. 아이가 평생 이 책만 읽을 것이 아니므로 마음껏 좋아하고 애정을 가질 수 있도록 해도 괜찮다. 그러고 나서 차츰 다른 책으로 관심을 넓힐 수 있다.

민주도 비슷한 경우였다. 민주는 〈Junie B. Jones 시리즈〉를 좋아해서 어디를 가든 몇 권씩 꼭 챙겨 다녔다. 책을 읽는 것을 넘어 CD도 매번 듣다 보니 이젠 대사까지 외울 정도였다. 학부모는 민주가 다른 책은 도통 읽으려 하지 않아서 걱정했다. 나는 조금만 더 시간을 갖고 기다리자고 설득했다. 이 시리즈 덕분에 독서에 발을 들였기에 싫증이 날 때까지 아이에게 여유를 주자고 했다. 그리고 정말로 일 년이 안 되어 Junie B.에 대한 사랑이 식어가는 것이 느껴졌고, 그때를 놓치지 않고 민주에게 새로운 시리즈를 슬그머니 소개했다. 아이의 Junie B.에 대한 애정을 참고하여 비슷한 말썽꾸러기 주인공의 이야기인 〈Heidi Heckelbeck 시리즈〉였다. 민주는 단번에 마음을 뺏겼고 시리즈 전 권을 그날부터 닥치는 대로 보기 시작했다. 〈Heidi Heckelbeck 시리즈〉는 일상생활 이야기뿐만 아니라 가족과 친구 사이에 대한 내용도 담고 있어 관계에 대해 생각해보기 좋다. 이렇게 조금씩 아이의 시야를 넓혀주면 나중에는 편식하지 않고 다양한 책을 읽게 된다.

시작은 부모가 읽어준다

책이 준비된 환경이라면 살짝 자극해보는 것도 효과가 있다. 아이가 언젠가 책을 봐줄 거라 마냥 기다리고 있지만 말자. 영어 독서를 지도하면서 많은 학부모가 물어본다. "책 좋아하는 아이들은 원래 책 잘 읽죠? 우리 애는 도통 책에 관심이 없어요……." 태어날 때부터 책을 좋아하는 아이는 없다. 독서가 습관이 된 아이들을 살펴보면 어릴 때부터 책을 좋아할 수밖에 없는 환경을 갖고 있었다. 영어책 읽기도 마찬가지다.

아이의 흥미와 수준에 맞는 책을 찾았다면 우선 부모가 읽어주는 것이 좋다. 누구나 낯선 것에 선뜻 마음을 열기 어렵다. 아이도 그렇다. 부모가 먼저 책을 펼쳐 그림이나 사진을 보여주면서 책에 대한 흥미를 유발해보자. 생각 외로 아이들은 부모의 이야기에 귀를 쫑긋하고 뒷이야기를 궁금해한다. 자기 전 혹은 자투리 시간을 이용해서 감칠맛 나게끔 책을 만나게 하는 것이다. 이렇게 아쉬움이 느껴지게 한 후 다음에는 아이가 직접 책을 펼쳐보게 한다. 책 읽기도 밀고 당기기의 기술이 필요하다.

물론 부모에게는 피곤한 과정이다. 하지만 부모의 꾸준한 노력과 정성이 자녀를 책을 가까이 하는 아이로 성장하게 이끌고, 어느 순간 아이 스스로 책을 읽기 시작하는 마법 같은 일이 벌어질 것이므로 꾸준히게 실천해보자. 지금도 전혀 늦지 않았다. 조금의 가이드와 노력이 합쳐지면 우리 아이도 충분히 책을 가까이 할 수 있다.

알맞은 책
고르기

　영어책 읽기를 시작하면 아이의 영어 레벨과 책 수준을 알아야 한다. 먼저 영어 레벨은 여러 가지 기준으로 나눌 수 있다. 영어 공부 연차에 따라 나누기도 하고, 각 학원별 입학 시험 및 레벨 테스트를 통해 수준을 가늠해볼 수도 있다. 그중에서 무난하게 쓰이는 것이 미국 르네상스사의 Star Reading Test이다. 미국 학교 현장에서 가장 많이 사용될 뿐만 아니라 우리나라 국제학교, 영어도서관 등에서도 이용되는 평가와 지수이다. SR 시험을 치러보면 아이의 영어 실력이 미국 학년 기준으로 몇 학년 정도인지 알 수 있다.

AR 레벨과 Lexile 지수

아이의 레벨을 알면 AR^Accelerated Reader과 Lexile로 책 레벨 또한 수치상으로 보여준다. AR 레벨은 Kindergarten(유치원)부터 1~13까지 있다. AR 2면 미국 초등학교 2학년 수준이라고 생각하면 된다. Lexile 지수는 미국의 교육기관 메타 매트릭스에서 개발한 영어 읽기 능력 지수로 0부터 2000L까지의 범위로 나타낸다. AR의 평가 기준은 문장의 길이, 단어의 난이도, 어휘 수 등이고, Lexile은 단어의 반복도와 문장의 길이를 기반으로 독서 읽기 능력을 수치화했다.

AR과 Lexile 지수는 책을 고르는 데 있어서 유용하다. 영어책 읽기를 처음 해보거나 아직 어떤 책을 읽어야 할지 모를 때, 아이의 SR 지수를 확인하고 이 지수 부근의 AR 레벨이나 Lexile 지수의 책으로 시작하면 되기 때문이다. SR 리포트에 ZPD^Zone of Proximal Development라고 적혀 있는 수치를 주목하자. 이 수치는 아이가 지금 읽어볼 권장 독서 범위를 말해준다.

인터넷에 다음 표와 같이 AR 레벨과 Lexile 지수를 치환하는 표가 있는데, 두 점수의 체계가 다르기 때문에 완벽하게 같다고 볼 수는 없다. 책을 읽을 때 참고하는 정도로만 보면 된다. 도서관이나 서점에서 읽어보고 싶은 영어책을 찾았다면 AR 레벨은

SRI Lexile – AR Grade Level Conversion Chart

Lexile Rating	AR Grade Level	Lexile Rating	AR Grade Level
25	1.1	675	3.9
50	1.1	700	4.1
75	1.2	725	4.3
100	1.2	750	4.5
125	1.3	775	4.7
150	1.3	800	5.0
175	1.4	825	5.2
200	1.5	850	5.5
225	1.6	875	5.8
250	1.6	900	6.0
275	1.7	925	6.4
300	1.8	950	6.7
325	1.9	975	7.0
350	2.0	1000	7.4
375	2.1	1025	7.8
400	2.2	1050	8.2
425	2.3	1075	8.6
450	2.5	1100	9.0
475	2.6	1125	9.5
500	2.7	1150	10.0
525	2.9	1175	10.5
550	3.0	1200	11.0
575	3.2	1225	11.6
600	3.3	1250	12.2
625	3.5	1275	12.8
650	3.7	1300	13.5

https://www.arbookfind.com/에서, Lexile 지수는 https://hub.lexile.com/find-a-book/search에서 책 제목을 검색하면 알 수 있다.

국내에서 국제학교, 외국인학교 외에 SR 시험을 볼 수 있는 방법은 집 근처 사설 영어도서관에 방문해서 테스트 비용(약 2만 원)을 지불하고 보는 것과, 각 지역의 국공립도서관에서 무료로 가능한 곳이 있어서 확인해보는 방법이 있다. SR 시험은 일 년에 1~2번 정도 주기적으로 보면서 아이와 학습이 알맞게 맞춰가고 있는지 확인하는 용도로 쓰면 좋다. 다만, SR 시험은 34문항 중에서도 학생의 오답에 따라 문제 난이도가 조절되어 나오기 때문에 초반 문제에서 많이 틀리면 쉬운 문제만 나와 점수가 학생의 수준보다 낮게 나올 수도 있다. 그러니 SR 점수에 너무 연연할 필요는 없다. 참고만 하여 현재 아이가 어느 정도의 수준인지, 앞으로 어떤 책을 읽히면 좋을지 활용해보면 된다.

책은 어떻게 고르는 것이 좋을까

영어 레벨이 2.4가 나왔다면 미국 2학년 4개월 정도 수준이라고 이해하면 된다. 그러면 딱 2.4 책을 고르는 것이 아니라 2.4

앞뒤로 쉬운 책과 어려운 책을 골고루 골라 읽히면 된다. 예를 들어, 4권을 고른다고 하면 자기 수준보다 살짝 쉬운 책, 자기 수준에 맞는 책, 다시 살짝 쉬운 책, 자기 수준보다 어려운 책 순으로 읽힌다. 쉽게 말하면 '약-중-약-강'으로 읽히는 것이다. 아이가 할 만하다 느껴야 흥미를 갖는다. 중간중간 쉽다고 느낄 책을 넣어주는 것이 꾸준한 책 읽기를 유지하는 비결이다. 그러고 나서 2점 후반대의 어려운 책도 한 번씩 도전해보는 것이다. 이런 패턴으로 읽어나가면 기본기도 확실하게 잡으면서 정체기도 빠르게 극복할 수 있다.

책에 나와 있는 어휘가 어려우면 AR 레벨과 Lexile 지수가 높게 나온다. 그래서 리더스 책이라도 AR 레벨이 챕터북보다 높게 책정되는 경우가 왕왕 있기 때문에 무조건 숫자만 보고 책을 고르지 않도록 한다. 중요한 것은 아이가 책의 어휘와 문장을 다 아는 것이 아니고, 책 내용을 이해하고 생각할 수 있느냐이다. 어휘가 어렵지 않더라도 등장인물의 감정이나 상황이 전혀 공감되지 않고 무슨 내용인지 모르면 이 책을 소화했다고 볼 수 없다. 이때 참고할 만한 것이 www.booksource.com에 들어가 책 제목을 검색해보면 Interest Level도 다른 AR, Lexile 지수와 함께 뜨는 것을 볼 수 있다. 이 Interest Level을 참고하면 몇 학년 때 아이들이 이 책에 흥미를 갖고 읽을 수 있는지 알 수 있어 책을 선정하는 데 도움이 된다.

영어책은 워낙 다양하고, 아이들마다 이해도와 흥미가 다르기 때문에 처음에는 부모의 다각적인 노력과 시간 투자가 필요하다. 단순히 AR 레벨 하나로 아이의 영어 실력을 판단하지 말고, 우리 아이가 어떤 책에 관심을 갖는지, 책을 읽을 때 어떤 부분을 잘 파악하는지 혹은 못하는지 세심하게 살펴보는 것이 좋다. 따라서 알맞은 책을 찾기 위해서는 아이와 함께 서점이나 도서관을 방문해 일단 부딪쳐보는 것이 가장 좋다. 발품을 파는 것만큼 확실하게 책에 대해서 아는 방법도 없기 때문이다.

서점이나 도서관에 가서 사용해볼 수 있는 쉽고 재밌는 방법 한 가지를 소개한다. 먼저 아이가 흥미를 보이는 책을 고르고 펼쳐본다. 그리고 미국 학교에서 많이 사용하는 The Five Finger Rule을 적용해본다. 책의 아무 페이지나 펼치고 한쪽 손의 주먹을 쥔 후 글을 읽을 때마다 어려운 글자가 보이면 손가락을 펴는 것이다. 펴진 손가락이 없거나 1개 정도라면 이 책은 아이에게 너무 쉬운 책이다. 굳이 이 단계의 책을 계속 읽을 필요는 없다. 펴진 손가락이 2~3개 정도라면 혼자 읽기 적당한 수준의 책이다. 모르는 단어가 있더라도 앞뒤 문장과 전체 문맥을 통해 유추할 수 있어 독서 흐름에 방해받지 않는다. 마지막으로 모르는 단어가

4~5개까지 나오면 이 책은 어려운 책이다. 단어 때문에 책 내용을 전혀 이해하지 못할 가능성이 높다. 이러한 경우 한 단계 아래의 책을 권해주면 된다.

이처럼 다양한 방법을 시도해보고 여러 아이들에게 이미 읽히고 검증된 레벨별 추천 도서 목록을 참고해보자. 영어 레벨이라는 숫자에 연연하지 않고 우리 아이만의 독서 코스를 짜는 노력이 쌓일 때 아이에게 정말 꼭 맞는 책도 만날 수 있게 될 것이다. 이 책에서도 레벨별, 흥미별 도서를 소개하고 있으니 참고가 되었으면 한다.

성향별
독서 코칭

"우리 아이는 왜 이런 건가요?"

수업을 진행하고 학부모에게 피드백을 드리면 자주 이런 질문을 받곤 한다. 부모가 자신의 아이에 대해 몰라서 이런 질문을 했다고는 생각하지 않는다. 이 질문의 의도는 제3자가 보는 자녀의 모습을 알고 싶은 것이 아닌가 싶다.

아이는 영유아기, 아동기, 청소년기를 거쳐 계속해서 성장한다. 고유한 기질을 가진 아이에서 복합적인 한 사람이 되어가는 과정을 거치는데, 이 시간이 아이 자신도 부모도 혼란스럽다. 그러다 보니 정답이 없는 교육과 양육 사이에서 전문가에게 조언을 구하고 싶은 것은 너무나 당연하다.

아이들을 가르치면서 아이마다 고유의 기질과 성향이 있다는 것을 깨달은 후부터는 그 성향을 파악해서 최대한 그것에 맞게 교육해왔다. 수업에서의 아이의 성취도뿐만 아니라 아이와 교사의 관계 및 정서적 안정감까지 수반되었기 때문이다. 그렇게하여 수료하게 된 교육이 연우심리개발원의 U&I 학습유형이다. U&I 학습유형은 김만권 박사가 David Keirsey의 기질 이론과 Diane Heacox의 공부를 못하는 유형 이론을 수정·보완하고, 오랜 임상 경험을 반영해서 개발한 검사 도구이다.

4가지 기본 성향

우리가 태어날 때부터 가지고 있는 고유한 성격을 '기질'이라고 부른다. 개인의 기질을 알면 아이가 어떤 상황에서 힘들어 하고, 또는 동기부여가 되는지 파악할 수 있어 부모나 교사가 효과적인 학습 태도를 만드는 데 도움을 받을 수 있다.

행동형

단어에서 유추할 수 있듯이 몸이 먼저 반응하는 아이다. 즉흥적이고 주도적이며, 주로 운동 신경이 좋고 활달한 성격을 띤다. 학교에서는 친구들과 잘 지내며 모임을 주도하는 성향을 갖고 있다. 행동형 아이는 규칙을 지키거나 관습에 의해 행동하는 것을 어려워한다. 생각하기 전에 행동이 먼저 나가기 때문이다. 집중력이 짧고 가만히 있는 것을 어려워한다. 행동형 아이의 경우 기본 욕구는 '자유'이다. 자유로움이 중요하기 때문에 억지로 가만히 있게 하거나 강압적으로 제어하다 보면 부작용이 나올 수 있으니 주의해야 한다.

규범형

규칙을 잘 지키고, 규칙 안에서 안정감을 느끼는 유형이다. 어른들 말씀에 순종하고 성실한 아이다. 기본 욕구가 책임감일 만큼 맡은 일에 대해 최선을 다한다. 학습에 대한 동기부여 또한 스스로 잘 갖고 있다. 다만, 모든 것을 중요하고 성실하게 하려 하기 때문에 부모의 적절한 개입을 통해 우선순위를 정하는 것이 더 효율적일 수 있다. 규범형은 선천적으로 갖고 태어나기도 하지만 사회성이 계발되면서 생기기도 한다.

탐구형

본인이 관심을 갖는 한 가지 주제에 몰두하는 아이다. 호기심과 집중력이 높고, 깊고 넓은 사고를 한다. 기본 욕구는 지식 탐구로 학문, 원리, 가치에 관심이 많고 질문도 많다. 그렇다 보니 정형화된 교육과정이나 반복된 과제를 싫어하는 경향을 보인다. 행동형 아이가 '공부가 왜 필요하지?'라는 의문을 갖는다면 탐구형 아이는 '내가 생각하는 공부만 중요해'라고 행동할 수 있다. 특히 탐구형 아이는 감정을 드러내지 않고 비사교적이다 보니 부모나 교사가 아이의 교우 관계에 대해 걱정하는데 정작 아이는 불편하지 않다.

이상형

이상형 아이는 마음이 여리고 따뜻하다. 사교적이며 이타성과 공감 능력이 뛰어난 아이다. 경쟁보다 조화를 선호한다. 기본 욕구는 인간성으로 자아실현을 갈망하고, 진실된 자신이 되고자 한다. 상상력이 뛰어나다 보니 끊임없이 감상에 빠지기도 하고, 가끔 이상주의적인 생각으로 인해 비현실적으로 기울어지는 경우도 있다. 타인과의 관계에 예민하게 반응하고 공감력이 커서 분리하기 어려울 때도 있다. 관계에 영향을 받는 이상형 아이는 상대에게 인정받을 때 정서적으로 안정적이고 성장한다.

성향별 독서 코칭

아이마다 고유의 기질이 있다는 것을 이해했다면 당연히 고유의 기질에 맞게 학습 및 독서 코칭 또한 달라진다. 기질에 따라 어떤 부분을 강화하고, 또 보완해줘야 하는지 알아보자.

행동형

행동형 아이는 즉흥적이고 활달한 성격에 반해 집중력이 짧다. 글보다는 손을 움직이는 활동이나 체험을 통해서 효과적으로 배운다. 경쟁을 통해서 성장하며 모험하기 좋아한다. 초·중학교 때는 학급회장 같은 경험을 통해 리더십을 길러주는 것도 필요하다. 목표를 인식하면 기어이 해내는 것도 이 성향의 아이들이기 때문이다.

주도적이기 때문에 누가 억지로 시킨다고 해서 행동하는 아이가 아니다. 따라서 부모나 교사에게 혼났다고 행동이 교정된다고 생각하면 안 된다. 칭찬을 할 때도 성과와 속도에 대해 세부적으로 칭찬하고 꼭 보상을 함께 해야 한다. 재밌을 것 같으면 몸이 먼저 반응하기 때문에 체계적이지 않고 덜렁대는 것이 많다고 혼내다 보면 자존감이 떨어질 수 있다.

행동형 아이는 어떤 것이 더 중요하고 덜 중요한지에 대한 관점이 흐리므로 학습할 때도 진짜 중요한 것 한 가지만 가르치는 것이 좋다. 자극적이면서도 변화하는 일상을 선호하는 아이이기에 독서에 쉽게 흥미를 붙이기도 어렵다. 따라서 많은 책을 읽히기보다도 쉬운 책을 정확하게 읽게 하는 것이 필요하다.

규범형

이 유형은 알아서 잘하는 아이다. 따라서 어려움을 겪고 있다면 적절한 학습 코칭이 부족했거나 학습 이외에 다른 어려움이 있는 경우일 수 있다. 규범형 아이는 무엇이든 다 중요하게 생각하기 때문에 교사나 부모를 통해 우선순위 정하는 법을 배우면 훨씬 탄력을 받고 시간 관리 능력 또한 기를 수 있다. 기초 학습, 반복학습, 무리하지 않는 선에서의 선행학습, 이렇게 삼박자를 신경써줘야 하는 유형으로 계획을 세워 꾸준히 공부할 수 있도록 돕는 것이 필요하다. 우리나라 교육이 규범형에 맞춰져 있다고 말할 수 있을 정도로 학생 역할에 충실한 아이라고 할 수 있다.

규범형 아이가 독서를 할 때는 학습적인 책만 읽지 않게 관리하고, 학습 긴장감을 줄여줄 수 있는 재밌고 코믹한 책도 권해주자. 답이 정해져 있는 것에 안정감을 느끼는 성향이므로 책은 반대로 상상력과 창의력을 키워줄 수 있는 판타지 책도 한 번씩 읽으면 상호 보완이 될 것이다.

탐구형

탐구형 아이는 직접 판단하게 하는 것이 중요하다. 호기심과 질문이 많은 이 아이들을 지식적으로 만족시켜 줄 수 있는 부모는 많지 않다. 관심 있는 분야의 전문가를 만날 수 있는 기회를 제공하면 꿈을 키우고 학문적 호기심을 충족시키는 데 큰 도움이 될 것이다. 탐구형 아이는 지시나 강요가 아닌 설득을 해야 한다. 학습의 필요성에 대해 납득할 수 있도록 충분히 설명해줘야지 무조건 강요한다고 따라오는 아이가 아니다.

책을 읽을 때도 자신이 좋아하는 분야는 수준이 어떻든 개의치 않고 어렵고 두꺼운 책도 읽지만, 관심이 없는 분야의 책은 잘 보지 않는다. 사람에 대한 관심이나 공감 능력이 다른 유형에 비해 낮아서 소설을 읽어볼 것을 추천한다. 물론 등장인물의 심리와 인물 간의 감정 파악은 어려울 수 있으나 책을 통해 꾸준히 노출해주는 것이 이 유형의 아이에게 필요하다.

이상형

이상형 아이에게는 인간성이 중요하기 때문에 부모 혹은 교사와의 관계가 좋아야 성적도 오를 수 있다. 그러나 반대로 부모가 아이를 의지하게 되면 아이가 자기표현을 못하게 되어 편하게 이야기할 수 있는 관계가 필요하다. 이처럼 공감이 큰 아이에게는 가족 구성원의 갈등을 보이지 않는 것이 좋다.

이유보다 관계에 영향을 많이 받기 때문에 상황 객관화를 배울 필요가 있다. 문제가 커져도 혼자 해결하면 될 것이라는 오류를 범하기 때문이다. 공부 또한 왜 해야 하는지 모를 수 있다. 그럴 땐 학습이 꿈꾸는 사회에 이바지할 수 있는 도구가 될 수 있음을 대화를 통해 알려주는 것도 방법이다.

상상력과 공감력이 큰 이상형은 판타지, 소설 모두 다 잘 읽는다. 반대로 사실을 근거로 한 비문학을 어려워하고 관심도 적다. 독서를 통해서 과학, 역사를 접하도록 이끄는 것이 도움이 될 수 있다.

아이의
학습 감각 알기

아이의 기질과 성향을 파악하고 나서 한 가지 더 유심히 볼 것
이 있다. 바로 아이가 학습을 하는 데 있어 어떤 감각으로 편히 받
아들이는지 아는 것이다. 학습에서 쓰일 수 있는 감각은 크게 2가
지로 시각과 청각이다. 독서를 예를 들면 글을 눈으로 읽어 정보
를 기억하는 경우와 음성 파일을 통해 들으면서 이해하는 경우가
될 것이다.

영어를 처음 배울 때는 일반적으로 '듣기'를 통해 영어와 친숙
해지는 시간을 갖는다. 많이 듣고 익숙해지고, 문자를 조합하고
이해하면서 글을 '읽기' 시작하면 듣는 비중을 점점 줄여간다. 영
어를 배우고 2~3년 차가 지난 아이들 중에는 글을 읽더라도 CD

로 들어야 온전히 글의 내용을 이해할 수 있는 아이가 있고, 반대로 문자 하나하나를 곱씹으며 문단을 파악하는 아이도 있다.

들을 때 책 내용이 들어와요

책을 읽어도 내용을 이해하는 것이 어렵다. 그러나 한 번 들은 내용은 정확히 기억한다. 이렇듯 시각보다 청각이 뛰어난 아이는 귀가 예민하고 그대로 소리 내어 말하기 때문에 영어 발음도 좋다. 미묘한 발음 차이도 구분해낸다. 반면 청각을 통해 학습하는 아이는 글을 읽을 때 몇몇 글자를 빼먹거나 이해 없이 지나치는 경우가 있다. 내용에 대해 질문하면 엉뚱한 이야기를 하거나 내용을 지어내기도 한다. 이럴 때는 책을 잘못 읽었다고 야단치기보다는 읽는 방법을 교정해줘야 한다.

이 유형의 아이에게 필자가 하는 방법은 책을 소리 내서 읽기, 즉 음독하게 하는 것이다. 소리를 내며 읽으면 눈으로 읽어 글자를 흘려보내는 대신 한 자 한 자 놓치지 않고 읽을 수 있다. 더불어 자신이 내는 소리를 다시 듣기 때문에 글을 이해하는 데도 훨씬 도움이 된다. 시각과 청각 모두 써서 이해도를 높이는 것이다. 간혹 글자를 틀리게 읽기도 하고, 의욕만큼 빨리 읽히지 않아서 음독하는 훈련이 답답하게 느껴질 수도 있다. 그렇다고 바로 CD

를 틀어주거나 그만두게 하지 말고 분량을 조절해주는 것이 좋다. 이 훈련을 꾸준히 하고 나면 후에 혼자 책을 음독으로 읽을 때 이해도가 확실히 올라간다. 소리를 내어 읽는 것에 오류가 점점 줄고 읽는 속도가 붙을 때쯤부터 서서히 묵독으로 넘어갈 수 있게 한다.

말귀가 잘 안 들려요

말을 하는 것보다 직접 쓰는 것이 편하다. 교사가 영어로 말을 하면 자신이 들은 것이 맞는지 되묻기도 한다. 책을 읽을 때도 글을 보면서 정확한 의미를 파악하기 위해 노력한다. 이런 특징을 갖는 아이는 시각적 감각이 더 발달되었다고 할 수 있다. 눈으로 확인해야 안정감을 느끼나 반대로 듣기가 약하다.

이런 아이는 계속해서 듣는 훈련을 해야 한다. 영어책 CD를 흘려들을 수 있도록 켜놓거나 애니메이션, 영화 등을 자막 없이 시청해보는 것도 좋다. 처음에는 익숙하지 않더라도 영어 소리에 친근해질 수 있게 노출해주어야 한다.

시각을 학습에 사용하는 아이는 영어를 듣고 말하는 것에 부담을 느끼기도 한다. 이때는 책을 읽고 자신의 생각을 말하는 연습이 도움이 된다. 또 다른 사람의 의견을 듣는 것도 사고를 확장하는 데 도움이 될 것이다.

아이가 편한 감각을 알아두면 좋은 점

여기서 주목해야 할 점은 어느 감각을 통해 학습하는 것이 더 좋다는 이야기가 아니다. 아이는 본인에게 편한 감각을 더 쓰고 싶어 한다. 부모도 아이가 편한 감각을 쓸 때 더 잘한다고 생각해 한쪽으로만 치우쳐 노출시킨다. 문제는 상황에 맞게 영어를 사용할 줄 알아야 하는데 한쪽으로 편향된 학습은 언어를 골고루 배우는 데 방해가 될 수 있다는 점이다. 그러기에 부모는 아이의 강점과 학습 습관을 파악하여 균형 있게 습득할 수 있도록 도와주어야 한다.

특히 독서는 시각을 많이 활용해야 하는 활동이기 때문에 시각적으로 정보를 받아들이는 것에 어려움이 없어야 한다. 아이들은 귀로 듣는 것보다 눈으로 글을 읽어 내려가는 속도가 훨씬 빠르기에 생각하는 속도와 눈으로 글을 읽는 속도를 맞춰야 글을 잘 이해할 수 있다. 그렇지 않으면 눈으로 글만 읽는 것이지 독서의 핵심인 내용과 뜻을 헤아리는 과정까지는 못 미치게 된다. 처음에는 CD로 들으면서 영어책을 읽더라도 점차 오로지 혼자 글을 마주하는 시간을 가질 수 있도록 유도하는 과정이 필요하다.

물론 한 번에 극적으로 바뀌진 않기 때문에 빠르지 않게 천천히 연습하는 것을 추천한다.

독서 수업을 진행하다 보면 수업 전에 한 번씩 책을 오디오로 들려주는 학부모가 있는데, 그런 상황이라면 나는 반대로 해보기를 권한다. 먼저 눈으로 책을 읽고 교사나 부모와 책에 대해 이야기해본 후 복습으로 오디오를 듣는 것이나. 그렇게 되면 이이는 독자적으로 글을 이해하려는 노력을 충분히 해볼 수 있고, 또 마지막으로 확인도 해볼 수 있다. 이런 식으로 아이가 어려워하는 약점은 보완해주고 강점을 길러줄 수 있도록 학습 감각을 사용하면 탄탄한 기본기를 형성하는 데 도움이 된다.

영어 학습 로드맵
세우기

아이의 성향과 학습 감각을 파악했다면 이제 실전을 위해 목표를 세워야 할 때다. 막연히 영어를 잘하고 싶다는 바람으로 영어책을 읽기 시작하면 끝이 없다. 영어는 학문이 아닌 언어이기 때문이다. 우리가 일상생활에서 뉴스에서 나오는 말투나 어휘를 쓰지 않는 것처럼 영어도 일상생활에서 쓰는 단어나 문장은 단조로운 편이다. 그러나 토플이나 SAT 같은 시험을 보기 위한 어휘는 원어민도 학습해야 풀 수 있다.

그래서 현재 아이가 영어를 익히는 데 얼마만큼 혹은 어느 정도의 수준을 목표로 하는지 계획하는 것이 중요하다. 어느 정도 방향성을 세워두어야 학습을 해나가는 데 지치지 않고 조급한 마음도 내려놓을 수 있다. 또한 다른 과목을 공부하는 데도 조절하면서 맞춰갈 수 있다. 힘을 빼야 할 때와 힘을 더 줄 때를 알아서 장기적으로 학습 로드맵을 세워나가는 것이다.

예를 들어, 영어가 폭발적으로 느는 때가 있다. 배울 때마다 성취감도 느끼고 흡수가 잘되는 이 시기는 보통 처음 영어를 배우는 시기다. 알파벳에서 음가, 음가에서 단어, 단어에서 문장까지 이어지는 단계는 비교적 손쉽게 익혀나갈 수 있다. 이때는 영어에 대한 노출을 의도적으로 늘려주는 것이 효율적이다. 아이도 자신의 영어 실력이 계속 성장하는 것이 느껴져 영어 공부가 재밌을 때다. 성취감도 쉽게 갖는다. 이때를 이용해 문장과 글을 읽을 수 있는 수준으로 안착시킨다.

반대로 미국 초등 고학년 레벨부터는 영어가 느는 것이 느껴지지 않는다. 이때는 학습 용어가 나오기에 단순히 영어만 한다고 되는 것이 아니라 어느 정도 암기가 필요하다. 배경지식도 있어야 내용을 이해할 수 있다. 이 구간에서는 지루함을 견뎌야 한다. 그래서 영어에 힘을 빼고 계속해서 노출해주는 시기라고 생각하면 좋다. 오히려 다른 과목 공부를 통해 배경지식을 쌓는 데 더 에너지를 쏟는다. 그렇게 하다 보면 어느 순간 계단식으로 영어가 느는 것이 느껴질 것이다.

본격적으로 영어 학습 로드맵을 세우기 전에 미국 학년별 학습 수준을 국내 공립학교와 수능에 비교하여 분석해보자(주마다 학교의 운영 방식이 조금씩 다를 수 있다).

미국 학년별 학습 수준

미국 학년	미국 나이(만)	영어 특징	Lexile 지수
Kindergarten	5	알파벳	
Grade 1	6	간단한 문장	190–530
Grade 2	7	간단한 지문	420–650
Grade 3	8	다양한 어휘	520–820
Grade 4	9	복잡한 문장, 소설/비소설 이해하기	740–940
Grade 5	10	문학/비문학을 다뤄보는 시기	830–1010
Grade 6	11	다양한 시대 및 문화를 글을 통해 접하는 시기	925–1070
Grade 7	12	어려운 글을 읽고 이해하는 시기	970–1120
Grade 8	13	다양한 정보가 담긴 글을 이해하는 시기	1010–1185
Grade 9	14	역사, 과학 등 다른 과목 글을 읽고 이해하는 시기	1050–1260
Grade 10	15	비판적 읽기가 강조되는 시기	1080–1335
Grade 11	16	계속해서 읽기 능력을 쌓는 시기	1182–1385
Grade 12	17		

　미국 학년은 유치부 과정을 시작으로 Grade 1부터 Grade 12까지 있다. Grade 12가 우리나라 고등학교 3학년이다. 제일 첫 단계인 미국 유치부 과정은 알파벳, 파닉스를 배우는 단계이

다. 여러 단어를 배워간다. Grade 1부터는 간단한 문장 읽기가 시작된다. I am happy. You are nice. It is very hot today. 이 정도로 파닉스와 사이트 워드가 조합된 문장 읽기다. 그리고 Grade 2부터는 지문 글을 익힌다. 이야기 위주의 재밌는 단편 글을 다양하게 읽어보게 된다. Grade 3에서는 일상 단어 대신 글에서 쓰일 수 있는 어휘를 조금씩 익히기 시작한다. 어휘의 폭이 넓어지는 단계이다. Grade 4는 문장도 복잡해지고 배워왔던 언어로 문학과 비문학의 차이를 익혀간다. Grade 5부터는 본격적으로 지식을 익히고 이해하는 능력이 요구된다. 영어 자체는 Lexile 지수를 참고하면 이때부터 학년별 차이가 거의 없는 것을 확인할 수 있다.

우리나라 공교육과 비교하면 Kindergarten에서 Grade 1 수준이 초등 3-4학년 때이다. 학교에서 영어를 처음 배우는 시기다. 그리고 Grade 2 수준이 초등 5-6학년 수준과 비슷하다. 초등학교 때까지는 대화 위주의 영어로 아이들의 흥미를 돋우기 위한 학습이 눈에 띈다. 그러나 중등 1학년부터 Grade 3 수준, 중등 2-3학년 때 Grade 4 수준으로 바로 올라간다. 고등학교 때는 여기서 두 단계를 뛰어서 고등 1학년이 Grade 7 난이도의 지문을, Grade 8 수준이 고등 2학년, 모의고사와 수능은 Grade 9-10까지 높아진다.

이렇게 영어를 수준별로 나열하고 작은 단계로 나누어 보니 어떤가? 마음의 짐처럼 큰 산으로 여겨졌던 영어 학습이 충분히 할 수 있을 것 같은 마음이 들지 않는가? 적을 알고 나를 알면 백전백승이라고 했다. 영어가 두렵다면 학습 로드맵을 만들어보고 아이의 현 위치를 파악해보자.

상식적으로 생각해도 일 년에 Grade 하나씩 마스터하는 것도 쉬운 일은 아닌데 바로 두 단계를 뛰어버리는 것은 무리라고 판단된다. 고등 때부터 영어(외국어) 능력을 포기하거나 단어만 외우는 것으로 방향을 전환하는 학생들이 나오는 것이 이유가 없는 것은 아니다. 단순히 영어 교과서만 공부한다고 이 몇 년의 차이와 노출량을 극복할 수는 없다. 이때의 편차를 줄이고 탄탄하게 영어를 학습할 수 있으려면 미리 영어를 잡아두는 것이 도움이 된다.

영어 실력이 금방 느는 Grade 5까지는 영어 공부에 집중하는 것이 좋다. 그 이후부터는 꾸준히 일정량의 어휘를 공부하면서 실력 유지 및 감각만 잊지 않게 해도 충분하다. 그리고 본격적으로 입시 공부가 필요한 중3, 고1부터는 수능 문제 유형을 공부하면서 문제 푸는 방법을 익혀나가도록 한다. 이렇게 하면 영어 공부에 큰 시간을 투자하지 않아도 상위권 성적을 낼 수 있다.

영어 독서,
이것만 주의하자

영어 독서를 하기 위한 모든 준비가 되었다. 아이의 영어 실력과 성향도 어느 정도 파악했고, 환경 조성과 함께 영어 학습 로드맵도 세웠다. 여기까지 왔다면 앞으로 영어 독서를 이끌어나가는 데 큰 흔들림 없이 나아갈 수 있을 것이다. 다만 시작하기 앞서 마지막으로 당부하고 싶은 몇 가지를 이야기하며 1% 실패 가능성을 줄이고자 한다.

첫째, 무엇보다 강조하는 것은 우리말 독서이다.

영어책 읽기 전 우리말 독서는 필수이다. 아이들이 자유자재로 쓸 수 있는 언어인 우리말 책을 읽는 훈련이 선행되어야 영어

책 읽기로 넘어와서도 글을 읽어가는 과정을 견뎌낼 수 있다. 우리말 독서를 통해 조금 어려운 글을 마주해도 어떻게 읽어나가야 하는지 아이가 자연스럽게 체득해야 한다. 그것이 되지 않으면 영어책을 읽었을 때 백퍼센트 이해하지 못하는 답답함에 끝까지 읽지 못하고 포기하게 되는 경우가 생길 수 있다. 우리말과 영어의 언어 체계는 다르나 글을 읽고 생각하는 능력은 뇌에서도 같은 부분을 사용한다. 그렇기에 더욱 영어책 읽기를 잘하기 위해서는 우리말 독서로 기틀을 마련하여 글 읽기를 위한 문해력을 키울 수 있도록 한다.

둘째, 독서 습관을 세우기 위한 책 읽기 '루틴'이 필요하다.

한마디로 정해진 장소에서 시간을 정해두고 책을 읽는 것이다. 독서는 당장은 학습에 큰 영향을 준다고 생각하지 않기 때문에 시간을 아예 빼놓지 않으면 더 중요한 일이라고 생각되는 다른 일에 자꾸 밀리게 된다. 학교나 학원은 집에서 다른 공간으로 가야 하기에 그 시간은 타협할 수 없다. 그러나 집에서 하는 독서는 숙제, 가족 약속, TV 시청, 취미 활동 등보다 우선순위로 놓기 어려워한다. 따라서 가족 구성원의 생활 패턴을 생각해보고 시간을 정해 가족이 함께하는 독서 시간을 만들자. 일찍 일어나는 아이라면 등교 전 30분, 혹은 하교 후 30분, 아니면 모든 일과를 마치고 잠들기 전 30분 정도로 시간을 고정하는 것이다.

이와 함께 공간도 정해두면 효과적이다. 너무 편하지 않은 적당한 높이의 의자를 아늑한 공간에 두고 책 읽는 시간이면 정해둔 장소를 사용한다. 그렇게 되면 몸이 먼저 기억하고 그 장소에 앉기만 해도 다른 것을 하기보다 책을 읽도록 유도하기 쉽다.

셋째, 영상 시청을 제한한다.

요즘은 어른보다 아이들이 유튜브 활용을 잘한다. 그만큼 영상이 익숙하고 빨리 접해온 세대이다. 전 세계의 다양한 정보를 쉽고 빠르게 접할 수 있다는 점에서 영상 시청은 도움이 된다. 다만 영상에 너무 가까이, 무분별하게 노출되다 보면 잔상이 계속 남게 된다. 특히 뇌 발달이 아직 진행되고 있는 시기의 아이에게는 이 영향이 성인보다 치명적일 수 있다. 독서 시간을 정해뒀다면 한 시간 전에는 영상 시청을 종료한다. 그래야 영상으로 자극받은 뇌도 쉴 수 있다.

학부모 상담을 하다 보면 주말에만 유튜브 시청이나 컴퓨터 게임을 허락하고 있다는 이야기를 종종 듣는다. 평일에는 아이가 해야 할 공부나 예체능 활동, 독서에 주력하고, 주말 정해진 시간에 오락 활동을 즐길 수 있게 하는 것이다. 나 또한 이 방법이 현명하다고 생각한다.

영어 영상을 보여주고 싶은 부모도 있을 것이다. 영어 영상 역시 주말에 가족과 함께 보는 영화 한 편 정도로 대체할 수 있고,

그 외 리스닝 노출은 CD로도 충분히 가능하다. 꼭 영상이어야 아이가 흥미를 갖는 것은 아니다. 그보다 재밌는 것은 책을 읽고 함께 상호작용하는 것이다.

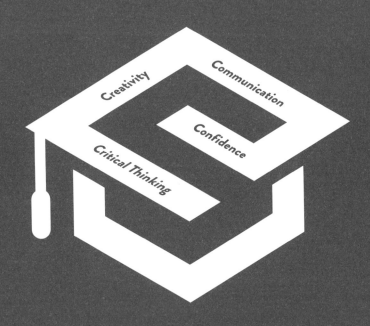

3장

영어 독서를 완성하는
4단계 로드맵

영어 독서를 완성하는
로드맵

영어책 읽기는 4단계의 여정으로 나눌 수 있다. 단계가 나눠지는 과정은 전적으로 부모에 의해서 영어에 노출되었던 시기부터 점차 의존도를 줄여가며 스스로 영어를 익혀가는 단계, 그리고 부모로부터 온전히 독립하여 영어 실력을 꽃 피우는 단계로 구분된다.

첫 단계는 '그림책 읽기' 단계로, 영어로 된 동화책을 부모가 읽어주는 단계이다. 영어라는 새로운 소리와 체계에 노출해주는 시기로, 영어 그 자체에 대한 흥미가 있다기보단 부모와의 교감을 통해 영어에 마음을 여는 시기다. 이때, 부모가 책을 읽어주며 자연스럽게 간단한 실생활 단어들을 놀이같이 배우기도 한다. 예를 들어, 빨강은 red, 노랑은 yellow, 초록은 green 같은 색깔을 나타내는 단어를 익히거나 happy, sad 같은 감정, 동물, 숫자 등을 그림과 함께 접한다.

그림책 읽기 단계를 지나 두 번째 '리더스' 단계로 가기 전 해야 할 것이 하나 있다. 아이는 영어 독립을 위해 차근차근 알파벳과 파닉스를 배워나간다. 알파벳 철자에 따른 이름과 내는 소리가 다른데 이를 익히는 것이다. 한글도 'ㄱ' 모양을 '기역'이라고 읽고 내는 소리는 '그' 정도로 발음하는 것과 같은 이치로 영어도 'A, a' 모양을 '에이'라고 읽고 보통 '에'라고 소리 낸다. 이렇게 철자를 하나씩 배우고 조합 규칙을 배우는 것을 '파닉스'라고 한다.

파닉스 과정을 진행하면서 맞이하는 것이 '리더스 읽기' 단계이다. 이 단계에서는 아이가 파닉스와 사이트 워드(눈으로 보고 외우는 단어로 파닉스 규칙에 적용되지 않는다. 예를 들어 the, a, want 등이 있다)가 조합된 문장 정도를 읽을 수 있게 된다. 바로 읽지 못하고 하나씩 떠듬떠듬 소리 내서 읽을 수 있는 수준부터 정확한 뜻은 모르더라도 두세 문장을 읽는 데 무리가 가지 않는 수준까지가 리더스 단계라고 볼 수 있다.

리더스 단계에서는 부모와 아이가 함께 책을 읽는다. 초반에는 매 페이지마다 1~2문장의 글과 그림이 같이 나와 있어서 이해하기에 어렵지 않다. 아이의 실력과 이해도가 커짐에 따라 단계를 올려갈 수 있고, 나중에는 한 페이지당 6~8문장까지도 늘어난다.

세 번째 단계는 '챕터북 읽기'이다. 그림은 이제 3~5페이지에 삽화 1개 정도 들어가고 그 외에는 줄글로 이뤄진 책이다. 이때는 독립 읽기가 70~80% 이뤄진 단계이다. 낯선 책을 선뜻 시도하지 못하거나 글 읽기에 집중하지 못하는 경우 부모와 같이 읽다가 점차 혼자 읽을 수 있도록 유도하는 단계이다.

네 번째 단계는 '노블 읽기'로, 영미 소설을 혼자서 읽는 시기다. 이때는 아이가 책을 스스로 읽을 뿐만 아니라 자신만의 취향이 뚜렷해지고 책을 평가하기도 한다. 영어에 대한 거부감이 없는 시기로, 맥락을 통해 고급 어휘도 유추할 수 있는 수준이다. 이때부터는 공부하는 의미가 아니라 영어로 콘텐츠를 익히고 소화하는 개념으로 본다. 영어의 최종 독립 단계라고 볼 수 있다.

앞으로 소개하는 내용은 이 단계에 대한 세부 내용과 특징을 담았다. 특히 책을 읽으면서 주의할 점과 어떻게 효율적으로 읽는지, 또 추천 도서는 무엇인지 안내하고자 한다.

영어를 배우기
시작하는 시기

영어 학습은 언제부터 시작하는 것이 좋을까? 이를 놓고는 전문가마다 의견이 다르다. 아이들이 거부감을 갖지 않고 자연스럽게 배울 수 있게 하기 위해서는 어릴수록 좋으니 만 3세부터 시작하라고 말하는 전문가도 있고, 언어 체계가 자리 잡히는 초등 3학년부터 시작해도 늦지 않다고 말하는 전문가도 있다. 두 의견 모두 일리가 있다.

어린 나이에 영어 학습을 시작하면 모국어 체계가 자리 잡히지 않을 시기여서 영어에 대한 이질감은 덜 느낄 수 있지만 인풋에 비해 아웃풋이 나오는 데 시간이 꽤 걸린다는 단점이 있다. 이는 생각하는 뇌가 아직 발달하지 않았기 때문에 그렇다. 이때 아이들은 순간순간 말하는 내용이 바뀌고, 생각에 맥락이 없으며, 기억하고 말하는 것을 어려워한다. 그러니 투자하는 시간과 비용은 많으나 영어 교육을 멈추는 순간 잊히기 때문에 끊임없이 영어 교육에 대한 관심이 필요한 시기이기도 하다.

반대로 초등 3학년이 되어 영어를 시작하면 이미 모국어에 대한 정립이 어느 정도 된 시기이기 때문에 영어를 외국어로 받아들인다. 이때는 못하는 것과 잘하는 것에 대한 구분이 생기고, 또래 사이에서도 누가 잘하고 못하는지 알게 되어, 특히 우리나라 같은 입시 환경에서는 영어에 대한 자신감을 갖기가 어려울 수 있다. 그러나 상대적으로 뇌가 발달하는 시기로 유아기에 익히는 데 몇 주가 걸리는 알파벳도 몇 시간 안에 배울 수 있는 시기이기도 하다.

다년간 수업을 하면서 필자가 내린 영어 교육의 시기는 '아이마다 다르다'이다. 전문가들이 말하는 수치나 시기는 평균적인 개념일 뿐이다. 아이들의 언어 발달은 각기 다르며, 부모의 교육관과 가치관도 고려해야 하는 부분이기 때문에 어느 시기를 딱 짚어 말하는 것은 어렵다.

그럼에도 몇 가지 제시할 수 있는 가이드라인은 있다. 언어 발달이 느리거나, 영어와 한국어 사이에서 혼돈이 있거나, 혹은 부모가 집중해서 교육할 수 있는 시기가 아닐 경우 영어를 굳이 만

3세부터 시작하지 않는다. 아이들이 자라면서 뇌가 발달하여 받아들이고 이해하는 속도는 분명 빨라진다. 모국어부터 확립하고 언어를 사용하는 것이 편해진 초등 저학년 때 영어를 시작해도 충분히 앞서 시작한 아이만큼 실력을 쌓을 수 있다.

반대로 일찍 영어를 시작했다면 꾸준히 하는 것에 초점을 두도록 한다. 영어유치원에 다녔더라도 초등학교 입학 후 영어에 대한 노출을 줄이고 타 과목에 집중하다 결국 배웠던 영어도 다시 배워야 하는 아이들을 심심치 않게 보았다. 탄탄한 영어의 기본기가 생기기까지 영어 독서를 놓지 않아야 하는 이유이다.

영어를 초등 고학년 때 시작한다면 언어 체계뿐만 아니라 아이의 정서, 학교생활, 사춘기 등으로 새로운 언어를 습득하는 데 저학년보다 어려운 것이 사실이다. 또, 고학년 때 영어 독서를 시작하면 아이들의 정신 연령에 비해 읽어야 하는 영어책의 내용이 단조롭거나 유치하게 느껴질 수 있다. 그래서 아이가 흥미를 갖고 읽을 만한 책을 만나기 어려워진다. 그럼에도 장기적인 안목으로 봤을 때 영어는 수능뿐만 아니라 평생 익혀둘 언어이기 때문에 포기하지 않고 지속하는 것이 중요하다.

정리하자면, 가능하면 초등학교 입학 전인 만 4~5세 때 영어를 시작하면 좋다. 다만, 이때는 평가하지 않고 최대한 즐기는 영어를 하도록 한다. 상황이 여의치 않을 때는 늦어도 초등 저학년 때는 시작하면 좋겠다. 미취학 아동일 때의 장점은 아이가 영어를 '학습'이 아닌 하나의 놀이로 인식한다는 것이다. 학교 입학 전이기 때문에 부모 또한 성적이라는 부담이나 압박감이 없다. 아이가 한마디 뱉을 때마다 부모의 반응도 크니 아이도 이 '재미'에 틀리더라도 자신 있게 영어를 해보는 시기라 할 수 있겠다.

그림책 Picture Books
읽기

　　이제 영어에 대한 첫발을 내딛는다. 영어를 처음 접하는 아이가 스스로 책을 읽을 수는 없다. 대신 그림책을 이용해 영어에 대한 노출을 높인다. 이때는 부모나 교사가 그림책을 읽어주면서 영어에 대한 거부감을 줄여주는 것에 주력한다. 그림책은 글보다는 그림 위주이기 때문에 모르는 영어 단어가 있더라도 내용을 이해하는 데 문제가 되지 않는다. 그림을 이용해서 어떤 내용일지 유추하는 것부터 첫 책 읽기의 시작이다. 마치 잠자기 전 아이에게 우리말 동화책을 읽어주듯 영어로 된 그림책을 읽으면 된다.

　　책을 읽을 때 발음이나 어려운 단어는 상관하지 않는다. 아이가 혹 발음을 따라할까 봐 걱정되어 영어책 읽어주기를 꺼려하는 부모들이 있는데 이 부분은 걱정하지 않아도 된다. 지금은 발음이나 단어를 정확하게 듣는 시기가 아닌, '세상에는 한국어도 있고 영어라는 소리도 있구나' 하고 인지하는 시기다. 새로운 소리로 만들어진 이야기가 있다는 인식만으로 충분하다. 또 부모와 자녀 사이에 정시적 친밀감이 형성되면서 아이도 안정감을 느낀다. 아이들은 안정감이 들 때 집중도 잘하고 능률도 훨씬 오른다.

간혹 그림책에도 생각보다 어려운 단어가 나오기도 하는데 이때 멈춰서 단어를 찾지 않도록 한다. 그림책 읽기는 어휘를 배워가는 용도가 아니다. 아이에게 하나씩 단어의 뜻을 물어가며 어렵게 읽기보다는 영어와 친숙해지는 단계임을 잊지 말자. 글이 너무 많다면 줄여서 읽거나 글 대신 그림을 보면서 영어 몇 단어로 대화하는 시간을 가지는 것도 좋다. 아이가 새로운 언어에 들어서는 이 시작이 낯설지 않고 재밌는 경험이 될 수 있으면 충분하다. 시간을 따로 내기 힘든 환경이라면 자기 전에 한글 동화책 1권, 영어 동화책 1권씩 읽어주는 것도 방법이다.

요즘은 그림책도 전집 구매나 책마다 동요를 함께 부르는 오디오 제품, 방문 선생님 등을 통해 쉽게 만날 수 있게 되었으나 가정에서도 충분히 이 과정을 진행할 수 있다. 이 시기 아이에게 최고의 선생님은 부모다. 큰 돈 들이지 않고 직접 발품을 팔아 아이와 조금씩이라도 교감하는 시간을 갖기를 추천한다.

그림책 중에서 많이 읽히는 책은 주로 유명 동화작가의 작품으로 어느 정도 검증을 받은 책들이다.

- Lucy Cousins - Maisy 시리즈
- Kevin Sherry - I'm the Biggest Thing in the Ocean!
- Anthony Browne - My Dad, My Mum / Things I like
- Antoinette Portis - Not a Box
- Eric Carle - The Very Hungry Caterpillar / Brown Bear, Brown Bear, What Do You See?
- Ed Emberley - Go Away, Big Green Monster!
- Rod Campbell - Dear Zoo
- Mo Willems - Knuffle Bunny / Elephant & Piggie / The Pigeon
- Jon Klassen - Hat 시리즈
- Caroline Jayne Church - Love 시리즈

그 외 〈Peppa Pig 시리즈〉, 〈You are (not) small 시리즈〉도 인기가 많다.

더불어 매해 미국도서관협회에서 어린이 그림책 삽화작가에게 수상하는 칼데콧상Caldecott Award을 받은 그림책도 눈여겨보자. 글의 양이 많지 않고 여러 작가의 개성이 어떻게 그림에 표현되

는지 볼 수 있다.

그림책은 보통 아이들이 좋아하는 동물, 가족을 소재로 쓰여 있다. 아이들의 감각을 깨울 다양한 색채와 호기심을 불러일으킬 이야기가 주를 이룬다. 초등 2학년 이상이 읽기에는 소재가 더 이상 흥미롭지 않고 이야기도 단순해서 그때 그림책을 접하기엔 유치하다 느낄 수 있다. 3세 이후부터 초등학교 입학 전까지 읽는 편이 도움이 된다.

아이가 흥미를 보이는 책은 여러 번 읽어준다. 이때 아이는 들은 소리를 그대로 기억해 몇 단어, 문장 전체를 자연스럽게 외우기도 한다. 책을 가까이했던 것이 학습이 아닌 하나의 놀이로 인식했기에 거부감이 없는 것이다. 읽었던 책이라도 좋으니 잠자기 전 우리말 동화책, 영어 동화책 각각 1~2권씩 꾸준히 6개월에서 일 년 정도 반복한다.

리더스 읽기 전에
파닉스 시작하기

우리말 동화책을 꾸준히 읽어주다 보면 아이가 문자에 관심을 보이기 시작하는 시기가 온다. 그때부터 한글 기역, 니은, 디귿등의 기호와 소리를 부모와 익히기 시작한다. 그렇게 아이는 문자의 자음과 모음을 익혀 조합의 소리를 내게 된다. 단어부터 시작해서 시간이 지나 문장, 단락, 하나의 전체 이야기를 읽게 되는 과정이다. 영어라고 해서 다를 것은 전혀 없다.

영어 그림책을 통해 영어라는 '언어'의 소리를 충분히 들었다면 이제는 문자로 넘어가는 시기다. 알파벳 한 자 한 자가 내는 소리를 익히는 것을 '파닉스Phonics'라고 한다. 한글과 마찬가지로 영어도 자음과 모음으로 나눠져 있는데, 모음은 a, e, i, o, u이고 자음은 나머지 알파벳이다. 시중의 교재를 살펴보면 파닉스를 보통 5단계로 나누고 있다.

1단계에서는 알파벳 대, 소문자를 구분하며 배우고 26개의 철자가 내는 소리인 음가를 배운다. 예를 들면, A/a는 '에', B/b는 '브', C/c는 '크', D/d는 '드' 소리를 각각 연결하는 것이다. 이 소리들은 'Phonics Song' 노래로 유튜브에서 충분히 익힐 수 있다.

2단계에서는 '단모음Short Vowel'이라고 해서 가운데 모음 a, e, i, o, u를 사용한 3글자 단어를 배운다. 대표적인 단어로 cat, map, red, pen, pig, rip, box, fox, tub, sun 등이 있다.

3단계는 '장모음Long Vowel'을 배운다. 2단계 단어 뒤에 e를 붙여서 모음 소리가 길게 변하는 구조를 갖고 있다.

cap → cape (캡 → 케입)

pin → pine (핀 → 파인)

hop → hope (합 → 호오프)

cub → cube (컵 → 큐브)

4단계는 '이중자음Double Consonant'을 다룬다. 말 그대로 자음 2개 소리가 합쳐지면 나는 독특한 소리를 배운다. 파닉스 그대로 읽을 수 있는 bl, cl, fl, br, cr, fr, gl, pl, sl, dr, pr, tr, sm, st, sn, sw 외에도 합쳐져서 새로운 소리가 나는 sh, ch, th, wh, ng, nk 법칙도 연습하게 된다.

마지막 5단계는 '이중모음Double Vowel'을 배운다. 모음 2개가 붙어서 나는 소리로 ee, ea, oa, ow, ou, oo 등의 소리를 구별해보고 그에 맞는 단어를 익힌다.

파닉스 만능주의? No, NO!

파닉스를 학습하는 최대의 장점을 꼽자면 문자에 대한 흥미를 높이고 관찰력을 키울 수 있다는 것이다. 아직은 아이에게 뭉텅이 자체로 보이는 영어를 하나씩 뜯어보고 다시 조합해보는 과정을 거치면서 아이는 문자에 대한 이해가 생긴다.

허나 파닉스를 배우면 아이가 어느 순간에 문장을 술술 읽을 거라고 생각하면 절대 안 된다. 파닉스는 어디까지나 영어를 읽는 데 있어서 보조 수단일 뿐 파닉스 규칙에 맞지 않는 단어가 영어에는 훨씬 많다. 그럼에도 파닉스를 연습하면서 영어라는 언어에 친숙해지는 과정은 아이에게 유익하다. 듣기만 했던 영어를 직접 보고 소리를 내보면 나중에 책을 읽게 되었을 때도 훨씬 쉽게 도움 받을 수 있기 때문이다.

파닉스와 별개로 외워야 하는 단어도 있다. '사이트 워드Sight Word'라고 눈으로 보고 바로 읽을 수 있을 정도로 외워야 하는 단어들이다. 이 단어들은 발음과 글자가 일치하지 않기 때문에 눈으로 익히는 수밖에 없어서 사이트 워드라고 한다. 사이트 워드도 파닉스와 마찬가지로 5단계로 나눠져 있고 학습은 Dolch Sight Words 리스트를 참고하면 도움이 된다. 책을 읽을 때 필요한 단어 대부분이 파닉스로 이뤄지기보다는 사이트 워드인 경우가 더 많다. I, a, you, he, she, the, we, are, with, the 등이 모두 사이트 워드이다.

사이트 워드는 한 번에 외우지 않는다. 파닉스 단모음 2단계를 숙지하고 3단계를 시작할 때쯤 일주일에 5~10개씩 익히면 된다. 따로 단어 카드도 필요 없다. 스케치북이나 노트로 단어를 쓸 정도 크기의 카드를 만들어 아이가 보는 곳에 붙여두고 읽게 되면 새로운 단어로 바꿔주면 된다. 사이트 워드의 의미는 책을 읽으면서 차차 익혀가므로 현재는 읽는 데 집중하도록 한다.

마지막으로 아이가 글을 읽기 위해서는 '어휘Vocabulary'를 알아야 한다. 어휘는 학년이 올라가면서 배우는 양도, 수준도 올라간다. 영어는 외국어이기 때문에 끊임없이 어휘 공부를 해야 한다. 미국에서 10, 20년을 거주했어도, 심지어 통번역가도 계속 어휘와의 싸움을 이어나간다. 물론 어휘가 주가 되는 학습을 하는 것이 아니라 조금씩 노출해주는 것, 균형을 맞추는 것이 지금 시기에 필요하다. 아이가 익히는 어휘는 주변 사물, 장소, 직업, 동물 등 생활하면서 필요한 이름 위주면 된다. 행동을 표현하는 동사, 감정과 모양을 나타내는 형용사도 포함한다.

정리하자면 아이가 글을 읽는 과정은 이렇게 정리된다.

영어 읽기 = Phonics + Sight Words + Vocabulary
예시 : There is a red flower.
(사이트 워드 + 사이트 워드 + 사이트 워드 + 파닉스 + 어휘의 조합)

이렇게 익혀야 비로소 단어와 문장을 읽을 수 있게 되는 것이다. 이 과정은 보통 영어유치원을 다니는 경우 5~6세 때 시작해서 2년 정도를 잡고 진도를 나간다. 하지만 집에서도 충분히 익힐 수 있다. 누구든지 능숙하게 읽게 될 때까지는 무수한 반복 연습이 필요하다. 단순 글 읽기 연습보다는 다양한 내용과 각양각색의 그림이 들어 있는 책 읽기로 연습하면 훨씬 도움이 된다. 이 단계를 '리더스Readers'라고 하는데 어떤 과정인지 자세히 알아보자.

리더스 Readers
읽기

　아이들이 파닉스를 익혀갈 즈음 책은 그림책에서 리더스로 넘어간다. 그림책의 그림과 글의 비중이 100 대 0이었다면 리더스는 그림과 글의 비중을 70 대 30 정도로 낮췄다고 생각하면 이해하기 쉽다. 여전히 그림으로 이뤄져 있지만 글을 어느 정도 읽어야 내용 이해가 가능하다. 리더스의 특징은 아이들이 읽을 만한 단어, 문장 수준으로 매 페이지에 적혀 있어 글 읽기 연습하는 데 효과적이라는 점이다.

　리더스 시리즈는 출판사별로 난이도가 조금씩 다르고, 시리즈 내에서도 1단계에서 4단계까지 세분화되어 있다. 리더스 1단계는 파닉스 단·장모음의 단어와 사이트 워드가 숙지되었다면 충분히 읽을 수 있는 수준이다. 단계가 올라감에 따라 문장 수가 늘어나고 어휘 수준도 올라간다. 시중에 나온 리더스 시리즈는 대표적으로 〈I Can Read〉, 〈Step into Reading〉, 〈Ready to Read〉, 〈Scholastic Reader〉가 있다. 특징으로는 아이들이 좋아하는 다양한 만화영화 캐릭터들이 소재라는 점이다. 최근에는 논픽션 소재의 리더스도 꾸준히 출간되고 있어서 선택의 폭이 훨씬 넓어졌기 때문에 어떤 취향의 아이이든 흥미롭게 책을 접할 수 있는 것이 리더스의 장점이다. 초등 저학년까지 읽기에 적합하다.

리더스는 파닉스를 배우기 시작할 때부터 영어 읽기가 수월해져 의식하지 않고도 단어를 바로바로 소리 내어 읽을 수 있을 때까지 활용하는 것이 좋다. 처음부터 아이 스스로 읽으라고 떠밀지 말고 아이가 관심 있는 책을 꺼내 들면 한 줄씩 부모와 서로 번갈아가며 읽는다. 차츰 아이의 비중을 늘려가며 소리 내서 읽게 한다. 나중에는 한 문단씩 나눠 읽는 정도로 비중을 늘린다. 만약 아이가 읽기 버거워한다면 단계를 낮추거나 부모가 개입해서 도와주도록 하자. 아이에게 영어책 읽는 것이 부담스러운 일이 아니라 '할 만하다', '쉽다'라는 인상을 가질 수 있게 해준다. 중요한 것은 흥미를 잃지 않는 것임을 꼭 기억하자.

단계가 올라감에 따라 글자 수가 늘어나기 때문에 제대로 훈련이 되지 않으면 글에 대한 이해도가 떨어지고 독서에 대한 재미도 반감될 수 있다. 이 부분은 주의해야 한다. 특히 조급한 마음에 리더스 독서를 충분히 하지 않고 챕터북으로 넘어가는 경우도 있는데, 그런 경우 겉으로만 보여지는 독서를 할 확률이 높아진다. 책을 아무리 많이 읽어도 내실이 쌓이지 않는 독서가 되고 마는 것이다.

그럼 아이들에게 호불호가 없고 재밌게 읽는 리더스 시리즈와 활용 방법을 소개한다.

Oxford Reading Tree

영국의 유명한 리더스 시리즈로 1~9단계까지 단계가 촘촘한 것이 특징이다. 모든 단계를 구비할 필요는 없다. 책에 나오는 등장인물들이 시리즈 전체에 같기 때문에 친근함이 들기는 하나 내용과 어휘가 단조로워 싫증을 내는 아이도 있다. 4~6단계까지 읽기 연습하는 용도로 추천하고, 그 윗단계부터는 다른 출판사의 리더스 시리즈도 섞어 보면서 흥미를 가져가도록 하자.

Step into Reading

1~5단계까지 구성되어 있다. 이어지는 이야기가 아니라 책 한 권마다 이야기가 각각 있다. 아이들이 좋아하는 Barbie,

Disney 캐릭터나 DC코믹스의 캐릭터를 주인공으로 하는 책이 인기가 많다. 2~3단계 책이 가장 다채로운 구성으로 권수도 많다. 3단계 책은 흥미와 교육적인 면에서 한 번씩 읽어보기에 훌륭하다. 4단계부터 글이 많아져 아이 입장에서 부담스러워할 수 있어 이때는 얼리 챕터나 챕터북 초기 단계 수준으로 넘어가도 괜찮다.

I Can Read

Starter 레벨(0단계)부터 4단계까지 총 5단계로 구성되어 있다. Starter 레벨에서 〈Biscuit 시리즈〉는 한 소녀와 강아지의 이야기로 따뜻한 감성이 묻어나 인기가 많다. 파닉스를 진행하거나 막 끝낸 아이가 읽을 수 있고, 문장 길이도 짧아 이해하기 쉽다. 1단계에는 〈Danny and Dinosaur〉가, 2단계에서 〈Frog and Toad 시리즈〉가 유명하다. 〈I Can Read 시리즈〉의 1단계가 〈Step into Reading 시리즈〉의 3단계와 수준이 비슷하다.

Ready To Read

Pre-Level부터 3단계까지 총 4단계가 있다. 1단계의 돼지 캐릭터 〈Olivia〉, 말괄량이 여자아이 〈Eloise 시리즈〉, 학교생활 이야기 〈Robin Hill School 시리즈〉가 인기가 있다. 〈Step into Reading 시리즈〉 2단계 정도 수준이다. 2단계에는 〈Henry and

Mudge 시리즈)가 남자아이와 반려견의 잔잔한 이야기로 자극적이지 않고 평화로운 분위기로 아이들에게 많이 읽히고 있다.

이외 따로 재밌게 읽을 수 있는 시리즈도 소개한다. 엉뚱한 개구리 캐릭터의 〈Froggy 시리즈〉, 가족의 일상 이야기가 담긴 〈Little Critter〉 그리고 유쾌하고 재치 있는 〈Fly Guy 시리즈〉가 있다. 세 시리즈 모두 AR 1점대 수준으로 영어 연습과 재미를 동시에 가져갈 수 있다.

시중에 나와 있는 리더스의 종류는 이처럼 다양하다. 한 시리즈만 고집하기보다 비슷한 레벨의 여러 출판사의 책을 접해볼 것을 권한다. 출판사마다 주력하는 어휘, 글의 톤이 미묘하게 다르기 때문이다. 또한, 저연령 아이들은 쉽게 싫증 낼 수 있기 때문에 전 세트를 구매하기보다 소량씩 구비해서 노출해주고 관심을 보일 때 추가 구매하는 것이 효과적일 수 있다.

챕터북 Chapter Book
읽기

아이가 리더스 3~4단계를 읽는 데 크게 어려움이 없다 느껴지면 챕터북으로 넘어와도 되는 시점이다. 정확히 말하자면 더듬거리지 않고 정확하게 읽을 수 있을 정도이다. 처음 리더스를 접할 때는 한 단어를 읽기 위해 알파벳 음가를 나눠서 읽는다. 그러다 익숙해지면 글자 하나당 읽는 데 1~2초 정도 걸린다. 리더스를 읽다가 챕터북으로 넘어올 때는 이 1~2초의 망설임도 없어져서 글을 읽어내는 것도, 이해하는 것도 수월해졌을 때이다.

Triumph 트-르/아이/엄/ㅍ → 트라이엄ㅍ

챕터북 시리즈부터 그림이 줄어든다. 그림과 글의 비중이 10 대 90까지도 올라온다. 한 권당 8~12개의 챕터로 이루어져 있으며, 그림은 한 챕터당 한 장면 정도이다. 아이가 영어를 읽는 데 전혀 문제가 없다는 전제하에 시작하기에 글의 내용을 파악하는 데 중점을 둔다. 장르는 학교생활과 일상생활을 다루는 시리즈부터 판타지, 코믹, 미스터리, 모험, 과학, 역시 등 다양한 장르가 있으며 주인공은 비슷한 포맷으로 시리즈가 이어지는 식이다. 이때부터는 부모의 'Book Hunting(책 사냥)'이 본격적으로 필요한 때다. 워낙 다양한 장르가 있기 때문에 아이가 좋아할 만한 책들을 미리 봐두고 소개해줄 수 있어야 하기 때문이다. 상황이 여의치 않으면 아이와 함께 대형 서점에 가서 직접 고르는 것도 방법이다. 자신이 고른 책은 아무래도 애착이 가고 읽어보려는 노력도 더 할 수 있다.

리더스에서 챕터북으로 넘어올 땐 처음에는 책 읽기에 대한 거부감이 생길 수도 있다. 아이가 느끼는 첫 번째 큰 변화는 컬러감이 없고, 소재 특성상 갱지의 질감이 챕터북은 재미가 없을 것이라는 오해를 불러일으키기 딱 좋다. 두 번째로는 갑작스럽게 글자가 많아지면서 오는 압박감이다. 아이가 조금이나마 챕터북에 마음을 열고 잘 적응할 수 있도록 사용하는 것이 CD나 오디오 파일을 이용한 듣기다. 성우의 목소리가 책을 대신 읽어주면 아이는 눈으로 그 목소리를 따라 읽어가는 일명 '집중 듣기'를 하는 경우가 챕터북에서 많다. 이렇게 하면 책을 직접 읽어야 하는 부담도 덜고, 책 내용을 쉽게 접해서 막연히 내용이 재미없을 거라는 편견도 깰 수 있다.

주의해야 할 점은 자칫하면 '듣는 독서'에만 의존하다 스스로 읽는 연습이 덜 될 수 있는 부분이다. 때문에 챕터북을 시작하는 초반에 듣기를 활용하는 것을 추천한다. 챕터북도 아이와 부모가 한 문단씩 번갈아가며 소리 내서 읽는 방법을 활용해보는 것도 좋다. 모든 분량을 아이가 혼자 읽으면 글을 깊이 있게 이해하는 데 방해가 될 뿐만 아니라, 양이 많아 독서에 대한 흥미가 떨어진다. 반면 부모가 다 읽어주면 집중력이 짧은 아이들의 특성상 몰입도가 떨어질 수 있다. 서로 번갈아가며 읽는 방법은 어느 정도 긴장감을 유지하면서도 몰입할 수 있게 해서 나도 수업에서 많이 사용하는 방법이다.

챕터북 단계가 많은 아이들이 포진해 있는 영어 수준이기도 하다. 초등 저학년부터 고학년까지 이 단계에 머무는 나이대가 다양하다. 그만큼 챕터북의 영어 레벨 범위가 넓고, 영어 자체도 어휘가 폭발적으로 늘어나는 시기다. 어느 정도 영어 공부를 해온 아이라면 이 단계까지 진입은 하나 그 위의 소설Novel 읽기로 못 넘어가는 경우도 꽤 있다. 그만큼 챕터북 시기를 어떻게 다져나

가느냐에 따라 앞으로 아이의 영어 실력과 독서 습관이 좌우된다고 해도 과언이 아니다. 개인적으로 수백 권이 넘는 챕터북을 직접 읽고 워크시트까지 만들어본 결과 챕터북 읽기를 4단계로 나눌 수 있었다. 단순히 영어 레벨의 수치로 나누지 않았고, 수업하면서 아이들이 체감했던 난이도까지 종합하여 나눈 단계이니 참고하기 바란다.

입문기 챕터북

영어를 시작하는 시기가 아이마다 다르기 때문에 특정 나이를 정할 수는 없지만 챕터북으로 들어가는 시기는 주로 영어 공부 2~3년 차일 것이다. 이때 읽는 책의 등장인물을 먼저 생각해보면 어떤 아이가 읽었을 때 재밌을지 예측할 수 있다. 등장인물의 정신연령은 주로 유치원생에서 초등 1-2학년이라고 생각하면 된다. 말투나 행동에서 등장인물의 성격이나 감정이 드러나 파악이 쉽다. 그러다 보니 책 내용도 큰 반전 없이 기승전결 구도로 직관적이다. 이런 특징이 초기 챕터북을 읽는 아이에게 덜 부담스럽고 책 읽기에 재미를 느낄 수 있게 하는 요소가 된다.

액션이 많이 가미된 책은 남자아이들에게 인기가 많았다. 활동적인 아이나 책 읽기에 흥미를 느끼기 어려운 아이는 등장인물이 바보스럽거나 행동이 시원시원하고 적극적일수록 좋아했다. 추천하는 책은 대략 다음과 같다.

- Ricky Ricotta's Mighty Robot 시리즈: 쥐 Ricky와 로봇이 지구를 구하는 이야기
- Horrid Henry 시리즈: 악동 Henry와 그 주변 이야기
- Kung Pow Chicken 시리즈: 평범한 치킨에게 슈퍼파워가 생긴 이야기
- Press Start 시리즈: 비디오 게임 세계에 사는 토끼 이야기
- Nate the Great: 친구들의 잃어버린 물건을 찾는 탐정 Nate 이야기

여자아이들은 그에 반해 색감이 좋거나 아기자기한 등장인물에 더 관심을 보였다. 추천하는 책은 다음과 같다.

- Unicorn Diaries 시리즈: 유니콘 학교에서의 유니콘들의 생활 이야기
- Owl Diaries 시리즈: 부엉이 캐릭터들의 학교생활 이야기
- Junie B. Jones: 왈가닥 성격의 꼬마 여자아이의 성장 이야기
- Olivia Sharp 시리즈: Nate the Great의 사촌 Olivia가 친구들의 문제를 해결해주는 이야기

남자아이, 여자아이 구분 없이 재밌게 읽는 책도 있어 소개한
다. 페이지당 한두 단어가 아이들 수준에 살짝 어려울 수는 있으
나 그림이 잘 나와 있어 이해하는 데 어렵지 않은 책들이다.

- Judy Moody and Friends 시리즈: Judy와 주변 친구들의 엉
  뚱하지만 서로를 위하는 우정 이야기
- Mercy Watson 시리즈: 돼지 Mercy를 딸처럼 키우는 부부와
  Mercy 그리고 마을 사람들의 왁자지껄 이야기
- The Enormous Crocodile: Roald Dahl 작가의 짧은 단편집
  으로 아이들을 잡아먹으려는 욕심 많은 악어와 그를 물리치는
  동물들 이야기
- Monkey Me: 원숭이를 너무 좋아하다가 원숭이가 되어버린
  주인공 이야기

이처럼 초기의 책들은 배경지식이 없어도 내용을 쉽게 이해
할 수 있으며, 등장인물의 정신연령이 읽는 아이들과 크게 차이가
나지 않아 공감대를 형성할 수 있다. 아이들이 영어책을 읽으면서
재미를 못 느끼는 이유로 영어 실력의 문제도 있을 수 있지만, 공
감대 형성이 안 되거나 아이의 배경지식 혹은 정신연령보다 주인
공의 수준이 너무 낮거나 높은 경우에도 흥미를 끌어내지 못하기
도 한다.

중기 챕터북

중기 챕터북 단계는 영어 공부 2.5~3년 차부터다. 개인차는 있지만 초기 챕터북을 시작하고 6개월에서 일 년 정도 지난 시점으로, 아이가 이제 제법 글에 익숙해져 있을 때다. 혼자 책을 읽는 것이 더 이상 어렵지 않고 자신감이 붙었을 때 중기 챕터북 단계로 넘어간다. 이때부터 책에 대한 관심과 흥미가 생기는 시기이니 계속 이어나갈 수 있도록 알맞은 책을 고르는 것이 중요하다.

중기부터는 누가 같이 읽어주지 않고 CD를 듣지 않아도 스스로 묵독을 할 수 있다. 책 내용을 더 깊이 있게 이해할 수 있기 때문에 묵독을 더 선호하는 시점이라고 볼 수 있다. 책에 나오는 어휘도 다양해진다. 특히 동작에 대한 동사들이 세분화된다. 예를 들면, '걷다'라는 동사가 walk 외에도 stroll(한가로이 걷다), tiptoe(살금살금 걷다), stagger(비틀거리며 걷다), wander(이리저리 거닐다) 등 세분화되는 표현이 눈에 띄게 보이는 구간이다. 아이들은 자연스럽게 영어의 풍부한 표현을 접해보는 기회를 갖게 된다.

내용적으로도 변화가 생기는 구간이다. 글의 분량이 길어지는 만큼 내용에도 추론할 것이 생기기 시작한다. 앞뒤 내용과 문맥을 파악해야 주인공이 왜 이런 결정을 했는지, 혹은 문제가 왜 이렇게 해결되었는지 알 수 있게 되니 꼼꼼한 글 읽기가 요구된다.

이처럼 영어의 변화 스펙트럼이 큰 구간이 바로 2점대 초기 챕터북에서 3점대로 넘어오는 중기 챕터북 구간이다. 실제로 이 구간을 큰 벽처럼 느끼는 학부모와 아이들이 많다. 그러니 섣불리 책 레벨을 올리지 말고 충분한 시간을 갖고 독서할 것을 권한다.

이제 그림은 네다섯 장에 한 번 나오는 꼴로 희소해진다. 아이가 온전히 글로 된 책을 읽으며 스스로 상상하고 생각할 줄 알아야 하는 것이다. 그렇기에 너무 어려운 어휘가 없는 책부터 도전한다. 은유가 많거나 주제가 심오한 것도 피한다. 이야기의 교훈이 하나로 떨어져야 아이가 생각하기에 복잡하지 않고 재미를 느낄 수 있다.

중기에 읽어볼 책은 소재별로 다양하다. 등장인물의 정신연령은 초등 저학년 정도로 자유롭게 상상하며 단편적인 감정보다는 긴장, 두려움, 실망, 기대 등의 감정이 늘어난다.

- Cam Jansen 시리즈: Photographic memory를 갖고 있는 Cam이 기억력을 통해 사건을 해결하는 이야기
- Dragon Masters 시리즈: Dragon과 용을 길들이는 아이들이 악당을 물리치는 판타지와 모험이 결합한 이야기
- Horrible Harry 시리즈: 믿지 않은 주인공인 Harry의 학교생활 이야기
- Magic Finger: 사냥을 취미로 하던 Gregg 가족이 자신들이 '새'

가 되어 동물들의 마음을 이해하고 존중하게 된 이야기

- Ready Freddy 시리즈: 막내 Freddy의 학교생활 적응, 성장 이야기
- Magic Tree House: 야생이나 과거, 미래로 시간 여행을 떠나 있었던 사실들을 배워보는 이야기
- Marvin Redpost 시리즈: 소년 Marvin이 사람들과의 관계를 통해 느끼는 다양한 감정이 두드러지는 이야기
- Critter Club 시리즈: 동물을 사랑하는 네 명의 여자아이들의 이야기
- Heidi Heckelbeck 시리즈: 마녀인 것을 속이고 살아가는 소녀의 학교생활과 일상 이야기
- My Weird School 시리즈: 학교를 싫어하는 A.J.와 친구들 그리고 황당하고 우스운 선생님의 학교생활 이야기
- The Notebook of Doom: 새로 나오는 몬스터들과 한 판 싸워 이기는 이야기
- Captain Awesome 시리즈: 자신이 슈퍼히어로라고 믿는 소년의 이야기
- Super Turbo 시리즈: 아이들이 하교한 학교에서 일어나는 Class pet들의 이야기
- Galaxy Zack 시리즈: 우주의 새로운 행성으로 이사한 Zack의 적응 이야기

- A to Z Mysteries: 친구들과 함께 마을에 일어나는 미스터리를 풀어가는 이야기

중후반기 챕터북

챕터북의 챕터가 10개보다 더 많아지면서 제법 책 두께가 두꺼워지는 시점이 챕터북 중후반기이다. 영어 공부 3.5~4년 차 이상이 되는 시기로 읽는 책은 AR 3점 후반대에서 5점대이다. 챕터당 페이지 수도 증가하고 이야기에 나오는 등장인물의 수도 늘어나는 시점이다. 어휘 수준도 한 단계 올라간다. 그렇다고 해서 등장인물의 감정 변화가 더 깊어지거나 내용을 이해하는 것이 어려운 단계는 아니다. 분량만 늘어난다. 중기 때와 이야기 소재도 비슷하다.

하지만 책의 분량이 늘어난 만큼 이야기의 진행 속도가 느려지는 단계이다. 내용 전환이 중기 때만큼 바로바로 있기보다 상세한 설명과 묘사가 많아지는 것이다. 예를 들면 〈Daisy 시리즈〉에서 주인공 Daisy가 자기가 처한 상황에 대해 여러 가지 꼬리에 꼬리를 무는 말을 하는데, 중심 내용과는 전혀 상관이 없다. 이처럼 책의 분량은 늘어나지만 이야기의 분량이 비례해서 늘어나는 것은 아니다.

그렇다면 어떤 아이들이 이 단계의 책을 재밌게 읽을 수 있을까? 바로 챕터북 초기와 중기에서 탄탄하게 단계를 밟아온 친구들이다. 앞에서 언급했듯이 내용 전환이 바로 일어나지 않는 시기이기 때문에 독서 훈련이 되지 않은 친구들에게는 지루하게만 느껴질 수 있는 시기다. 끈질기게 책에 몰입해서 볼 수 있게 하는 힘이 이 단계에서 필요하다.

- Fantastic Mr. Fox: 기발한 방법으로 땅속에서 사는 법을 터득하게 된 Mr. Fox와 그 가족 그리고 그를 해치려는 욕심 많은 세 농부 이야기

- Nancy Drew and the Clue Crew 시리즈: 단서를 통해 사건을 해결하는 Nancy와 친구들 이야기

- Magic Tree House Merlin Mission 시리즈: 매직트리 시리즈에서 판타지 세계로 넘어온 Jack과 Annie의 이야기

- The Boxcar Children 시리즈: 고아가 되어버린 네 남매의 모험을 담은 이야기

- Flat Stanley: 어느 날 갑자기 납작해진 몸을 갖게 된 Stanley의 이야기

- Geronimo Stilton 시리즈: 신문사에서 일하는 쥐 Geronimo의 모험 이야기

- Judy Moody 시리즈: 미국의 일상을 엿볼 수 있는 Judy와 학

교 이야기

- Stink 시리즈: Judy 동생 Stink 나름의 고민을 담은 이야기
- Daisy 시리즈: 순수하지만 말썽을 계속 일으키는 Daisy 이야기
- Wayside School 시리즈: 현실 학교에는 없는 독특하고 여러 풍자와 위트가 섞인 이야기
- Clementine 시리즈: 소심하고 표현하길 어려워하지만 마음 따뜻한 Clementine의 학교생활 이야기
- George Brown, Class Clown 시리즈: 어느 날 생긴 슈퍼 트림 때문에 곤란을 겪는 George 이야기

후반기 챕터북

챕터 후반기 시리즈는 영어 공부 4~5년 차 이상의 아이들에게 추천하며 노블과 섞어 읽는 시점이다. AR 4점에서 5점대 책이다. 이때부터는 아이들의 나이도 초등 3-5학년에 해당되는 시기이기 때문에 사춘기가 시작되기 전 아이들의 고민, 가족 이야기, 감정 등 깊은 이야기도 종종 나온다. 사회적인 이슈가 나오기도 해서 영어 실력과 더불어 아이의 정서적·사회적 성장이 이뤄져야 책 내용도 받아들일 수 있는 시기다.

중후반기 책을 읽어온 아이라면 후반기의 책도 재밌게 읽을

수 있을 것이다. 분량은 비슷하지만 이야기가 다채로워지면서 전체적인 흥미도가 올라가는 시기다. 초등 3학년 이후 고학년 아이들에게 적합하다.

- Andrew Clements 작가의 Frindle, Lunch Money, No Talking, Report Card 등
- Judy Blume의 Fudge 시리즈
- Beverly Cleary 작가의 Henry시리즈, Ramona 시리즈
- Roald Dahl 작가의 Matilda, Charlie and the Chocolate Factory, James and the Giant Peach
- Lemonade 시리즈

소설 Novel
읽기

　영어로 문학작품, 소설을 읽는 단계이다. AR 4.5점대 이상으로 시리즈 소설이 아닌 단편 작품을 읽는 시기다. 여기까지 무탈하게 넘어왔다면 자부심을 충분히 느끼길 바란다. 부모의 노력으로 꾸준히 만들어진 환경 덕분에 이제 아이에게 영어와 독서는 인생에서 함께 가는 존재로 인식되어 있을 것이다.

　소설을 읽게 되는 시기는 보통 초등 고학년 혹은 중학생 이상의 나이다. 이제부터는 아이가 책을 더 읽고 싶어도 다른 과목 공부와 입시라는 과정을 앞두고 있어 시간에 쫓겨 책을 읽지 못할 확률이 크다. 그럼에도 불구하고 어떻게 지속적으로 독서를 할 수 있을지, 적은 권수를 읽더라도 몰입해서 깊게 읽을지 진지한 고민이 필요하다.

소설은 한 권의 책에 작가가 말하고자 하는 많은 메시지가 함축되어 담겨 있다. 그렇기 때문에 글 사이사이의 의미를 파악하며 읽어야 전체적인 맥락을 이해할 수 있다. 또한 역사적·시대적 배경이 반영되기도 하고, 인간의 내면에 관한 것이나 본질적·철학적인 질문을 던지기도 한다. 이때부터는 작가에 따라 책의 분위기나 문장, 어휘들이 천차만별이다. 책 속의 내용이 더 이상 친절하게 설명해주지도 않는다. 챕터 초기에는 양으로 독서를 키워나갔다면 이제부터는 권수는 적어도 충분히 생각하며 읽어야 하는 이유가 여기 있다. 그렇게 될 때 주제에 대한 아이 자신의 의견도 형성해갈 수 있다.

이때도 바로 소설 읽기 단계로 진입하기보다 중후반기, 후반기 챕터북을 읽을 시기에 분량이 짧은 소설을 곁들여 읽어 부담을 최소화하도록 한다. 추천 도서로는 『Sarah』, 〈Plain and Tall 시리즈〉와 『Stone Fox』, 『Chocolate Fever』, 『A Long Walk to Water』, 『Charlotte's Web』, 『Mr. Popper's Penguins』가 있다. 이 책들은 초등 3-4학년도 충분히 읽고 이해할 수 있는 수준의 내용이다.

본격적으로 소설 단계에 들어와서는 뉴베리Newbery Medal 수

상작을 참고해보자. 뉴베리상은 매년 미국에서 출판된 아동, 청소년 도서 작가에게 수여되며, 특히 문학성에 초점을 뒀다. 시간이 많지 않은 고학년, 중학생은 뉴베리상을 받은 도서부터 읽는 것을 추천한다. 『Holes』, 『The Giver』, 『Number the Stars』, 『The Cricket in Times Square』, 『Because of Winn-Dixie』, 『Hatchet』 등이 있으며, 재밌게 읽은 책은 같은 작가의 다른 책들도 찾아 읽으며 확장해나간다.

그 외로는 뉴욕타임즈 베스트셀러Children's Middle Grade를 참고하는 것도 방법이다. 『Wonder』 같은 경우는 출판된 지 8년이 지났지만 여전히 베스트셀러에 올라 있다. 그만큼 청소년이 계속해서 읽는 책이라는 반증이니 꼭 읽어볼 것을 추천한다.

비문학 읽기는 언제 시작할까

지금까지 소개한 책들은 Fiction, 즉 소설이다. 작가에 의해 만들어진 이야기로 사실, 정보와는 거리가 멀 수 있다. 우리말도 평소에 말하는 어투나 단어가 뉴스 속 앵커와 다르듯 영어도 문학, 비문학에 따라 쓰이는 어휘의 특징이나 톤이 바뀐다. 그러다 보니 문학작품을 잘 읽는 아이라도 비문학 읽기는 어려워하는 경우를 보았다.

비문학 읽기는 영어가 어느 정도 편해지는 AR 4~5점대 이상의 수준을 갖고 시작한다. 비문학 읽기는 영어로 읽는 연습을 하는 것과 이해를 달리해야 한다. 이때는 콘텐츠를 이해하고 받아들이는 아이의 생각주머니가 작동해야 하는 시기다. 그렇기 때문에 어렵게 느껴지는 것이지 영어 실력이 부족해 어려운 것이 아니다.

비문학 읽기를 거부감 없이 하기 위해선 배경지식이 어느 정도 있어야 한다. 한 나라를 잘 알기 위해서는 그 나라의 지형, 역사, 문화뿐만 아니라 다른 나라와의 관계도 알아야 비로소 제대로 이해할 수 있다. 이를 위해 우리말 독서로 꾸준히 배경지식을 쌓아가야 영어로 읽는 비문학도 더 큰 효과를 볼 수 있다. 혹은《Time for Kids》나《Newsela》같은 인터넷 영자신문을 통해 조금씩 노출하는 것도 방법이다. 기사는 영어책보다 호흡이 짧고, 수준도 조절할 수 있어서 여러 주제를 익히는 데 효과적이다.

AR 4~5점대 수준이 되어 비문학 읽기를 시작한다면 추천하는 책은 〈Who, Where, What 시리즈〉로 유명 인사나 랜드마크, 어떤 사건을 중점으로 역사적·사회적 배경이 어떻게 진행되었는지 알아볼 수 있는 책이다.

영어 독서에 대해
덧붙이는 말

리딩 레벨에 목매지 마라

영어 독서에 관하여 어떤 시점에서 무엇을 읽을지, 또 어떻게 읽을지에 대해서 알아봤다. 영어 공부 연차는 대략적으로 아이들이 배워가는 속도에 따라 측정한 것이지 절대적인 값은 아님을 명시해둔다. 그보다 중요한 것은 책의 특징과 아이의 독서 습관, 수준과 맞물리는지 확인하는 것이다.

특히 시중에 나와 있는 영어 독서 관련 콘텐츠와 다르게 챕터북을 초기, 중기, 중후반기, 후반기로 나눈 이유가 있다. 챕터북은 아이들이 가장 많은 시간을 독서에 투자하는 시기이기도 한 동시에 다음 단계로 못 넘어가고 많이 머무르는 시기이기도 하다. 챕터북을 단순히 영어 레벨로 수치화해서 레벨대로 읽으면 자연스레 영어 실력이 늘 것이라는 오해 때문이다.

예를 들어, 〈Marvin Redpost 시리즈〉는 실제로 〈Junie B. Jones 시리즈〉와 영어 레벨상 크게 다르지 않다. 하지만 직관적이고 자기 감정에 솔직한 Junie B.라는 주인공을 이해하는 것은 아이들에게 쉬웠으나 보다 복잡한 내면을 가진 Marvin의 친구 관계 이야기를 초등 저학년이 이해하는 데 어려움을 겪는 것을 교육 현장에서 많이 보았다. 이처럼 단순히 영어 레벨로만 책을 분류하여 읽히는 것보다는 책 내용이 아이들의 정서, 사회성, 배경지식 등을 수반해야 하는 경우가 훨씬 더 많다. 더군다나 초등 저학년은 이제 막 가정에서 벗어나 학교라는 공동체에 몸담은 지 얼마 되지 않았기 때문에 경험도 적어 책을 이해하는 데 한계가 있다. 따라서 수치만으로 책을 판단하긴 어렵다. 그보다 아이 성장에 맞춰 이해할 수 있는 정도에 따라 읽어가는 것이 재밌고 꾸준하게 독서할 수 있는 원동력이 될 것이다.

독서 수업을 진행하다 보면 리딩 레벨을 중요하게 여기는 학부모가 있다. 어떤 친구는 몇 점대를 읽고 있더라, 하는 이야기가 부모들을 조급하게 만드는 것 같다. 그러나 리딩 레벨은 영어 독서에 도움이 되지 않는다. 중요한 것은 질적인 독서를 하는지, 아이가 얼마나 책에 빠져들어 주체적으로 독서하는지다. 독서는 어렸을 때 많이 읽고 마는 것이 아니라 평생에 걸쳐 인생의 동반자가 되어줄 수 있는 활동이다. 이 활동의 다양한 장점을 누려볼 수 있는 시기는 아이가 성장하는 때이다. 알맞은 시기의 적절하고 올바른 영어 독서 코칭을 통해 마의 구간인 챕터북 시기를 잘 넘어가길 바란다.

한 번씩 오는 정체기, 어떻게 극복할까

"꾸준히 책을 읽고 있는데 어느 순간부터 영어 레벨이 오르지 않아요"라고 걱정하는 부모도 많다. 영어에 대한 노출을 줄이지 않았는데도 더이상 실력이 늘지 않으니 지켜보는 부모는 조급해지고, 비슷한 레벨대의 책만 읽는 아이도 답답하다. 누구나 살면서 한 번은 슬럼프가 오듯, 책을 읽다가도 한 번씩 정체기가 올 수 있다.

먼저 영어 실력은 직선 그래프처럼 늘지 않는다. 실력은 차곡차곡 쌓여 계단식으로 는다는 것을 항상 기억해두자. 아이의 실력은 한 지점에서 실력이 확 오르고 나서는 어느 기간 동안은 유지한다. 그동안 책 읽기도 꾸준히 해줘야 그후의 지점에서 다시 한 단계 성장할 수 있다. 지금 당장은 그 성장이 보이지 않더라도

1년, 2년이 지나 돌아보면 분명 수준이 향상되었구나, 하고 느낄 것이다. 그러나 같은 노력에도 불구하고 비슷한 레벨이 6개월 이상 지속된다면 다음 4가지 사항을 살펴보고 해당하는 부분이 있는지 확인해보자.

1. 지금 읽고 있는 책 수준이 아이에게 쉬울 때

기초 쌓기를 너무 강조한 나머지 윗단계 책 노출 없이 같은 레벨만 반복해서 읽는 경우이다. 아이들은 글을 읽을 때 단어 하나하나씩 해석해서 읽는 것이 아닌 맥락으로 파악해서 읽기 때문에 모르는 단어가 나와도 충분히 자신의 레벨보다 어려운 책도 읽어낼 수 있다. 아직 준비가 되지 않은 것 같다는 부담감에 어려운 책을 시도도 못하고 있다면 두려움을 내려놓자. 일주일에 한 권씩 읽고 있다면 한 달 4권 중 한 권 정도는 아이 레벨보다 한 단계 어려운 책을 읽어보면서 도전할 수 있는 기회를 줘보자.

2. 지금 읽고 있는 책 수준이 아이에게 어려울 때

이번에는 반대로 의욕만 앞선 경우이다. 책 내용을 이해할 사고력 수준이 안 되었는데 무리하게 레벨을 올린 경우이다. 영어 독서가 좋은 것도 알고, 도달하고 싶은 수준도 있기 때문에 한 레벨의 독서량을 충분히 채우지 않고 급하게 레벨을 올릴 수 있다. 그러나 어느 순간 그 사이에 '구멍'이 생긴다. 구멍이 생긴 이상

기초 공사가 부실해져 탄탄한 건물을 짓기는 어려워진다. AR 숫자에만 집중하기보다 아이가 읽고 있는 책이 말하는 교훈, 등장인물에 대한 공감, 그 안의 문화와 배경지식을 익히고 가는지 꼭 대화해보길 권한다.

3. 어휘를 제대로 익히고 있지 않을 때

아이들이 특히 많이 정체하는 구간이 AR 2점대 후반에서 3점대로 올라서는 지점이다. AR 3점대 이상부터는 어휘 수준이 한번 확 띈다. 생활 단어만 알고 있었다면 점차 책을 이해할 수 있는 어휘의 폭이 줄어들어 내용을 파악하기 어렵다. AR 수준을 평가하는 것도 어휘의 수준 차이라고 생각하면 된다. 따라서 어휘 수준을 생각하지 않고 무조건 책만 읽는다면 분명 한계에 부딪치게 된다. 물론 어휘 공부는 눈에 띄게 늘지도 않고, 실력 향상도 느껴지지 않아서 아이들이 기피하는 공부 중 하나이다. 그럼에도 결정적일 때 수준을 가르는 것은 어휘이기 때문에 어휘 공부는 꾸준히 해야 한다.

4. 아이의 성장을 기다려줘야 할 때

조금 특별한 경우이다. 어린 나이부터 영어를 익힌 아이들, 정확히는 많은 책을 빨리, 다양하게 읽어 이미 영어를 잘하는 아이들이 이 경우에 해당한다. 7세 때 이미 AR 3~4점대, 그러니까 미국 학년으로 3-4학년이 읽는 책을 읽는 아이들이다. AR 3~4점대 책에는 이 나이가 되어야 느끼는 감정과 심리, 경험이 녹아져 있는데 아직 어린 아이는 공감할 수 없는 경우가 많다. 과유불급이다. 이때는 부모가 아이가 성장하기까지 기다려주면 자연스럽게 해결된다.

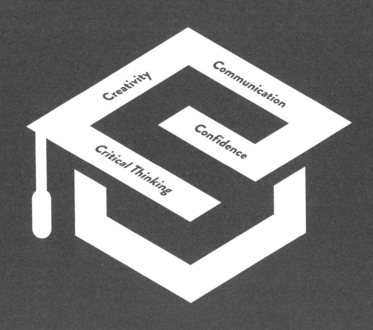

4장

질문으로 완성하는
영어 독서

질문을
망설이는 아이들

한때 기사로 보도되었던 장면이 있다. 지난 2010년 오바마 전 미국 대통령이 서울정상회의에 참석했을 때이다. 오바마 전 대통령은 폐막 연설 직후 G20 개최국인 한국을 칭찬하며 한국인 기자들에게 질문권을 줬다. 그 순간 기자회견장에는 정적이 흐르고 질문하려고 나서는 사람이 아무도 없었다. 그 정적을 깨고 나선 사람은 정작 중국 기자였고, 오바마 전 대통령이 재차 한국 기자들에게 질문권을 주었다는 뜻을 밝혔지만 끝내 한국 기자 중에 질문하는 사람이 나오지 않았다. 질문권은 결국 중국 기자에게 돌아갔다. 이 일화는 그 당시 큰 화제가 되었다.

당시 왜 한국 기자들은 질문하지 않았는지 여러 가지 해석과 의견이 있었다. 세계의 이목이 집중된 자리에서 미국 대통령에게 돌발 질문을 던진다는 중압감과 영어 울렁증 등이 작용했을 거라는 의견이 가장 많았다. 만약 우리나라에 질문을 주고받는 문화가 잘 정착되었다면 이만큼 화제가 되었을까?

10여 년이 지난 지금, 우리나라 교육 현장은 얼마나 바뀌었을까? 현실은 '질문을 하기 위한' 토론 수업은 사교육을 통해서 따로 충족될 수 있을 정도이다. 수업을 진행하다 보면 '입시' 수업에 강한 아이들을 만나게 된다. 이 아이들은 영어 지문의 핵심을 빠르게 파악하여 문제를 쉽게 풀어나간다. 그런데 지문 분석과 이해력은 탁월한데도 답이 없는 질문, 즉 자신의 생각을 이야기하는 것을 어려워하는 아이가 있다. 입시에 강한 아이들은 어릴 때부터 정답을 말하는 데 길들여져 있다. 정답을 말할수록 칭찬을 받기에 틀리고 싶지 않은 본능도 강해진다. 반면 자신의 의견을 말하거나 상상력을 더해 대답해야 할 때 이 아이들은 혹 자신의 대답이 이상하지 않을지 걱정하는 마음, 두려운 마음에 선뜻 말하지 못하는 것이다.

아이들이 다양하고 열린 생각을 할 수 있게끔 이끄는 것은 결국 질문이다. 가벼운 질문도 좋고 황당한 질문도 좋다. 정답을 맞혀야 한다는 긴장감을 덜어내는 것부터 시작한다. 쭈뼛대다 끝내 말을 안 하기도 해서 시간도 오래 걸린다. 그러나 질문자가 여유를 가지고 기다려주면 아이들은 조금씩 말하기 시작한다. 비록 몇 번은 자신의 대답이 마음에 들지 않을 수 있지만 여러 번 질문에 답을 하면서 자신의 생각을 정리하고 자신감을 갖게 하는 것이 중요하다.

질문해야 하는 이유

그렇다면 우리는 왜 질문해야 할까? 질문을 하면 무엇이 좋은 걸까? 과학적으로는 질문을 받을 때 뇌가 활성화되면서 세로토닌 이라는 물질이 나온다고 한다. 이 과정은 새로운 뉴런이 결합하며 문제해결책을 찾기 위해 움직이는 것으로 뇌가 활성화될 수 있도 록 질문이 촉매제의 역할을 하는 것이다.

『질문지능』(아이작 유, 2017)을 보면 질문이 사고력에 미치는 영향에 대한 연구 결과가 상세히 기술되어 있다. 질문이 문제의 개념을 이해하고 원리를 적용하여 문제를 해결하는 데 매우 긍정 적인 영향을 끼친다는 것이다. 이는 메타인지와 관련이 깊다. 자 신이 알고 있는 것과 모르는 것을 구분하고, 모르는 것은 배우겠 다는 의지가 곧 메타인지이기 때문이다. 실례로 스스로 질문하면 서 공부한 학생들은 복습을 통해 공부한 학생들보다 이해도가 훨 씬 높았으며, 평균 20점이나 높은 시험 결과를 보였다고 한다. 질문을 통해 배운 것을 되새기는 행동은 자신이 아는 것과 모르는 것의 인지를 높이는 데 그치지 않고 자신의 부족한 부분을 채우는 데까지 활용된다.

시작이 반이다

막상 시작하려니 어떤 질문이 아이에게 필요하고, 어떤 질문을 어느 시기에 해줘야 할지 모르겠다고 어려워하는 부모가 많다. 어떤 질문이 좋은 질문인지 혹은 나쁜 질문인지는 질문을 해봐야 알 수 있다. 그러니 질문 자체에 대한 검열부터 내려놓자. 검열은 질문하는 사람을 소극적으로 만들 뿐이다. 우선 최대한 질문을 많이 하는 것부터 시작한다.

질문도 공부해야 한다. 우리나라 부모는 아이가 학교에서 돌아오면 "오늘 학교 어땠어? 재밌었어?" 하고 묻는다. 포괄적이고 수렴적인 질문은 "좋았어", "그냥 그랬어", "별로였어" 등의 '예', '아니오'의 제한적 답만 하게 한다. 또 재밌었냐는 질문은 학교는 재밌어야 한다는 관념적인 생각에 묶이게 한다. 가장 피해야 할 질문이 바로 답이 정해진 질문이다. 질문은 생각을 확장시키기도 하지만, 답이 정해진 질문은 오히려 생각을 축소시킨다.

그럼 유대인 부모의 질문을 살펴보자. 유대인 부모는 아이가 집에 오면 "오늘 선생님께 어떤 질문을 했니?" 하고 묻는다고 한다. 질문을 받은 아이는 곰곰이 그날 학교에서의 하루를 떠올리게 될 것이고, 자신이 어떤 질문을 했는지 충분히 복기해서 대답한다. 그리고 자연스럽게 왜 그 질문을 하게 되었는지 대화를 이어나가게 될 것이다.

이처럼 어떤 질문을 하느냐에 따라 사고의 깊이가 달라질 수 있다. 이 차이를 느끼기 위해서는 질문자인 부모가 직접 자신에게 질문해본다. '나라면 어떻게 대답할까?'의 과정을 겪어나가다 보면 어떻게 질문해야 할지 알게 될 것이다. 그러면 "오늘 학교 어땠어?"라는 질문 대신에 "오늘 학교에서 재밌었던 일 두 가지만 엄마한테 얘기해볼래?" 정도로 바꿀 수 있다.

잊지 말아야 할 것은 질문하는 그 자체로도 충분히 변화를 주고 있다는 점이다. 질문을 받아본 아이는 다른 사람에게 질문하는 것도 거리낌이 없다. 어떤 질문을 해도 용납될 것이라는 믿음이 있기 때문이다. 그러니 완벽한 질문을 해야 한다는 부담은 잠시 내려놓고 무엇이든 질문하자.

좋은 질문은
어떤 질문인가

스스로 개인의 역량을 키워나갈 수 있도록 이끄는 것이 바로 질문이다. 질문에 답을 하면서 자신이 얼마나 알고 있는지 확인하게 되고, 자신만의 방식으로 설명하는 과정에서 지적인 참여 또한 촉진되기 때문이다. 이처럼 좋은 질문은 알고 있는 것을 천천히 살펴보게 한다. 대답에 맞는 정당한 논리와 근거도 이어 생각하게 한다. 그럼 좋은 질문의 특징은 무엇인지 구체적으로 이야기해보자.

첫째, 좋은 질문은 스스로 깨닫게 한다.

날카로운 질문을 통해 알고 있다고 착각했던 것, 막연히 알고 있었던 것에 대해 깨닫게 한다. 한마디로 좋은 질문은 인지적 사고가 일어나게 한다. 예를 들어, 수업 중 아이들에게 '노예제도가 왜 나쁜가?'에 대해 3가지 이유를 말하라고 한 적이 있다. 아이들은 노예제도가 나쁜 것은 익히 알고 있었지만 '왜' 나쁜가에 대해서는 생각해보지 않았기 때문에 바로 말하기 어려워했다. 그렇다면 아이들이 노예제도에 대해 정확히 알고 있다고 할 수 있을까? 이처럼 질문은 내가 정확하게 알고 있는지 깨닫게 한다.

둘째, 좋은 질문은 멈춰 있던 사고를 움직이게 한다.

'노예제도가 왜 나쁜가?'라는 질문에 첫 이유로 인권 침해를 말하는 아이들이 대부분이었다. 인권에 대해서는 교육과정에서 여러 번 나오는 개념이기에 바로 떠올리기 쉬웠을 것이다. 그러나 두 번째, 세 번째 이유는 자신이 알고 있는 것을 면밀하게 생각해보는 시간을 충분히 갖고 나서야 말할 수 있었다. 어떤 아이는 노예제도는 한 사람에게 너무 많은 권력을 주기 때문에 나쁘다고 했고, 다른 아이는 노예는 배우지 못하기 때문에 계속 노예밖에 할 수 없어 기회를 갖지 못하기에 나쁘다고 대답했다. 모두 좋은 대답이다. 이처럼 질문은 막연히 아는 것을 구분 지을 뿐만 아니라 사고를 확장할 수 있게 해주는 좋은 매개체이다.

셋째, 좋은 질문은 '삶의 철학'을 만들어주는 도구이다.

인생을 살아가는 데 있어서 정해진 답은 없다. 살면서 만나는 다양한 질문과 그 답을 찾아나가는 과정을 통해서 '나의 생각'이라는 데이터가 차곡차곡 쌓이다 보면 자신만의 시선을 갖게 되고, 그것이 철학이 되는 것이다. '노예제도가 왜 나쁜가?'에 대한 대답은 아이마다 달랐다. 사회구조 전반에 대해 비판하는 학생도 있고, 개인의 행복과 안전에 관심을 갖는 아이도 있었다. 아이들의 답변을 살펴보면 아이가 어떤 가치를 중요하게 여기는지 알 수 있었다. 그 가치가 성장하는 데 방향성이 되어주고, 자신만의 삶의 철학을 형성해나가게 할 것이다.

몇 해 전만 해도 4차 산업혁명의 시대가 올 것이라는 말을 많이 했는데, 이제는 '혁명'이라는 거창한 이름을 안 붙여도 될 만큼 매일의 삶이 되었다. 세상은 하루가 다르게 변화한다. 나만의 철학 없이 살기에는 휩쓸리기 딱 좋은 시대인 것이다. 내가 누구이고, 무엇을 중요하게 여기며 사는 사람인지는 오직 자신만 알 수 있다. 자신만의 철학을 가진 사람만이 자신의 세상을 만들어갈 수 있다.

질문으로
책 읽기

　이제까지 질문의 여러 장점을 알아보았다. 그렇다면 영어 독서에 질문은 어떤 도움을 줄 수 있을까? 시중에는 '엄마표 영어', '영어책 읽기'에 관한 많은 책이 나와 있다. 덕분에 이제 영어 원서는 어디서든 쉽게 구할 수 있게 되었다. 하지만 막상 원서를 어떻게 읽는 것이 잘 읽는 것인지 모르겠다는 질문을 많이 받았다. 아이에게 책 내용이 어땠냐고 물어보면 기억이 안 난다고 하거나 책 내용을 들어도 부모가 확인할 방법이 없기 때문이다. 특히나 내용 확인뿐만 아니라 영어 수준이 맞는지도 점검해야 하기에 더 까다롭다. 그렇다고 아이가 영어책을 읽을 때마다 부모도 매번 모든 책을 같이 읽고 내용을 나눌 수도 없는 노릇이다.

한번은 자녀의 영어 원서 읽기에 의구심을 갖고 있는 학부모를 만났다. 저학년 아이가 영어책을 좋아하는데 너무 빨리 읽어 걱정이라고 했다. 이렇게 해도 과연 독서가 되는지 궁금해했다. 빨리 읽더라도 같은 책을 여러 번 읽으면 큰 문제는 없는데, 이 아이의 경우 책을 옆에 쌓아두고 훑어본 뒤 바로 다음 책으로 넘어가는 것이 마치 보여주기식 독서를 하고 있었다. 상담을 해보니 아이는 책을 통해 새로운 이야기를 만나는 것에 재미를 느끼기보다 책을 넘기는 행위 자체를 좋아했다. 이렇게 대충 읽고 넘어가는 식으로 독서 습관이 자리 잡으면 독서 효과는 당연히 미비할 수밖에 없다.

다독에서 정독으로 가는 지름길

아이들에게 책을 읽히다 보면 눈으로 글자를 읽어내는 행위가 독서라고 생각하는 경우가 종종 보인다. 눈은 글자를 따라가는데 내용 파악도, 의미 파악도 전혀 안 되는 상황인데도 말이다. 주로 리더스에서 챕터북으로 넘어가면서 이런 현상이 일어나는데, 책 내용을 이해하는 데 도움이 되었던 삽화가 없어지고 줄글로만 책이 이뤄지는 때이다. 이때는 다독의 중요성보다 정독의 중요성이 필요한 시기다.

책 속의 이야기는 발단-전개-절정-결말의 구조를 따른다. 작가는 결말에 이르기까지 여러 장치와 복선을 책 곳곳에 심어둔다. 독자는 책을 읽어가며 작가가 심어둔 단서를 통해 어떤 결말에 다다르게 될지 상상한다. 결말이 독자의 예상을 보기 좋게 빗나가면 '반전'이라고 말한다. 이처럼 책을 읽는다는 것은 작가와 상호작용하는 과정이기도 하다. 이를 무시하고 권수 채우기에 급급하면 독서의 진정한 재미를 느낄 수 없다.

한번은 아이들과 Andrew Clements 작가의 『Frindle』이라는 책을 수업했다. 한 아이가 이미 그 책을 읽었다고 말했다.

"이 책 그거잖아요. 펜을 펜이라고 부르는 대신 Frindle이라고 부르는 내용이요. 전 재미없었어요."

"그래, 맞아. 크게 봐서는 그 내용이라고 할 수 있어. 그런데 주인공이 왜 펜 이름을 바꾼 거지?"

그러자 아이는 모르겠다고 말했다.

『Frindle』의 내용은 우리가 사용하는 단어가 어떻게 지금의 단어가 되었는지 생각해보고, 다른 단어로 바꿔 부르는 실험을 하는 이야기다. 더불어 주체적으로 도전하는 학생의 창의성을 북돋워주는 교사의 역할도 배울 수 있는 책이다. 아이가 말한 줄거리는 알맹이는 놓치고 표면적인 이야기만 한 것이다. 그렇다면 이 책을 잘 읽었다고 말할 수 있을까?

작가가 책 속에 심어둔 함축적인 비유와 묘사에 대한 궁금증

없이 그저 쓰인 그대로 읽고 지나간다면 작가의 의도와는 멀어지는 독서가 된다. 여기에 책 내용이 복잡해지거나 영어 수준이 올라가면 내용 파악은 더욱 어려워져 이때부터 독서에 대한 흥미도 떨어진다.

그렇다면 능동적인 원서 읽기, 정독은 어떻게 할 수 있을까?

우선 덮었던 책도 다시 보자. 한 번 읽고 지나갔던 책을 한두 번 더 읽어보는 것이다. 분명 처음에 읽을 때는 안 보였던 부분이 다시 보일 것이다. 우선 재밌게 읽었던 책부터 집어 들어 밑줄도 그어가면서 읽는 것을 추천한다. 다 읽었다면 이제 책을 덮고 내용을 떠올려본다. 지난번처럼 줄거리를 한 줄로 말하는 것이 아닌 챕터마다의 줄거리를 떠올린다. 이 과정을 거치면 책 내용을 충분히 이해하고 기본적인 흐름을 알게 된다. 여기서 주의할 것은 챕터를 외워서 기억하라는 것이 아니다. 아이의 언어로 각 챕터에 어떤 이야기가 있었는지 말하게 한다. 그 과정을 통해 아이는 생각을 정리하는 방법을 배우게 된다.

마지막으로 질문하는 것이다. 아이들을 가르치면서 제일 까다로운 부분이 바로 '추론' 능력이라고 생각한다. 추론 능력을 키우기 위해서는 여러 경험을 쌓아야 하고 나이에 맞는 상식과 배경지식도 있어야 한다. 또 글에서 생각이나 말의 근거를 찾고 모으는 논리성도 요구된다. 이러한 추론 능력은 하루아침에 생기는 것이 아니다. 꾸준한 독서로 문해력을 키워줘야 한다. 작가가 쓴 글을 그대로 받아들이는 것이 아니라, 왜 이런 표현을 썼고, 어떻게 이 상황이 벌어졌는지 생각해봐야 한다. 이런 사고 훈련을 할 수 있도록 도와주는 것이 바로 질문이다.

처음 영어책을 읽을 때는 언어에 익숙해지는 기간이니 정보 그대로 받아들이는 수동적인 독서만 하게 될 것이다. 하지만 시간이 지나고 챕터북을 정독하게 되면 머릿속으로 상황을 상상할 수 있게 된다. 이때부터 질문이 필요하다. 주인공이 왜 이런 행동을 하게 되었는지, 그 말의 의미는 무엇인지, 다른 의도는 없었는지, 진짜 마음은 무엇인지, 그때 기분은 어땠을지 등 다양한 질문을 던지면 그때부터 아이는 책을 다르게 보기 시작한다. 만약 책을 빠르게 읽어내렸다면 앞뒤 상황을 알지 못하니 질문에 답을 할 수 없다. 기본적으로 책 내용에 대한 정리는 끝난 상태에서 질문해야 한다.

질문이 들어온 순간부터 아이는 답을 찾기 위해 머리를 쓰기 시작한다. 짧은 순간 뇌는 갖고 있던 정보를 조합하며 결론에 도달할 수 있도록 활발하게 움직인다. 정보가 없다면 빠트린 내용은 없나 다시 책을 자세히 보며 아는 것과 모르는 것을 구분하는 과정을 거치게 된다. 이 과정이 메타인지이고, 책을 쓴 작가와 대화하며 읽는 능동적 책 읽기다.

입시에서 영어 질문 독서가 통할까

독서는 긴 호흡의 영어이다. 그래서 한 단어, 한 문장으로 판가름이 나는 시험에서 요구되는 독해력과 다르다. 이 긴 호흡을 통해서 아이는 영어를 문맥으로 받아들인다. 거기에 질문을 통해 자기 생각을 확장시킬 수도 있다. 토론 문화가 자리 잡지 않은 한국에서 질문하는 영어 독서는 아이가 자신의 의견을 표현하는 데 가질 부담감도 줄여줄 수 있다. 나의 의견은 이런데 상대방의 의견은 어떤지 들어보고, 그 안에서 더 좋은 해결 방법은 없는지 모색하는 것이 토론의 본질과 다르지 않기 때문이다.

필자는 다년간 대치동에서 수업을 해왔다. 이름난 영어유치원을 다니지 않고도 나이에 맞는 독서로 차곡차곡 실력을 쌓으며 성장한 아이들도 많이 보았다. 반대로 유명한 영어유치원과 학원을 다녔지만 실력을 보면 이곳저곳 구멍이 난 상황인 아이들도 많았다. 어려운 고급 어휘는 알고 있으나 초급 영어 단어를 아예 모르기도 하고, 영어 에세이는 쓸 수 있으나 글의 맥락이 없고 논리가 맞지 않는 예도 있었다.

영어는 언어이고 꾸준히 배워야 느는 것인데, 시험을 위한 공부는 전혀 도움이 되지 않다는 것을 오랜 시간 수업을 하며 깨닫게 되었다. 그래서 고민했다. 시험이라는 틀에 갇히지 않으면서 자신의 잠재력을 발휘하여 주체적으로 자기 실력을 키워갈 수 있는 방법이 없을까. 그 답을 질문하는 영어 독서에서 찾을 수 있었다.

질문하는 영어 독서 수업을 하며 무엇보다 좋았던 것은 입시 수업 때는 느껴보지 못했던 아이들과의 교감이었다. 입시 수업 때는 합격률이 모든 것을 대변한다고 생각해서 누구보다 열심히 아이들을 가르쳤지만, 아이들도 나도 행복하지 못했다. 지금은 매일 책을 읽고 대화하며 만들어나간 실력을 믿기 때문에 아이들도 시험이 두렵진 않다. 충분히 잘할 수 있는 실력도, 단단한 마음도 준비가 되었다. 이 모든 것이 독서와 그 안에서 우리가 나눴던 질문 덕이다.

질문,
곧 대화의 시작

    질문의 이점이 꼭 학습에만 있는 것은 아니다. 영어 질문 독서 법의 가장 큰 장점은 아이와의 정서적 교감을 가능케 한다는 것이다. 책을 읽고 이야기를 나누는 동안 부모와 자녀 사이에는 같은 것을 공유하는 동질감이 형성된다. 거기에 질문을 이용해 대화를 이어나가다 보면 동질감은 어느새 공감으로 이어진다. 부모가 자신의 이야기를 들어주고 공감해준다는 느낌은 아이에게 정서적인 안정감과 신뢰감을 준다.

    아이들이 질문 독서 시간을 기다리는 이유 또한 필자가 재밌는 선생님이거나 잘 가르쳐서가 아니다. 아이들에게 자신의 목소리를 내고, 누군가가 자신의 의견에 공감해준다는 것이 큰 의미로

다가왔기 때문이다. 다른 수업 시간에서는 경험하지 못하는 부분이라고 한다. 부모님에게 선뜻 말하지 못하는 고민을 내게 이야기해줄 때 아이들이 얼마나 마음을 열고 수업에 임하는지 느낄 수 있다.

부모로서 자녀와의 대화를 돌아보면 어떠한가. 주로 일과나 하루 중 일어났던 일화 위주이다. 학교나 학원에서 어떤 일이 있었는지, 숙제는 다 했는지 등이다. 물론 피상적인 대화도 일상에서 필요하다. 그러나 한 번씩 아이의 꿈에 대해서, 감정에 대해서, 살아갈 미래와 인생에 대해 마음을 열고 대화를 나누는 것은 아이의 건강한 가치관 형성에 큰 도움이 된다. 올바른 가치관은 아이가 성인이 되어서도 흔들리지 않고 자신의 길을 개척해나가는 데 큰 힘이 된다.

그런데 일상이 바쁘다는 핑계로, 아이와 진지한 대화를 나누는 방법을 모른다는 이유로, 또 그 시간이 어색하다는 이유로 외면해왔다. 이제 질문하는 영어 독서로 시간을 자연스럽게 만들어가는 것이다. 책에는 다양한 삶의 희노애락과 철학이 담겨 있다. 그렇기에 아이와 대화할 충분한 소재가 되어줄 수 있다.

나 역시 책을 읽고 아이들과 대화를 나누다 보면 미처 몰랐던 아이들의 모습을 발견하곤 한다. 아이들을 바라보는 내 시선도 교정되는 것을 느낀다. 미성숙한 아이가 아니라 고유한 시각을 가진 인격체로 받아들이게 된다. 그래서 한 번씩 수업에서 나눴던 질문과 아이들이 했던 대답을 학부모와 공유하는데, 그럴 때면 학부모 역시 자녀의 대답을 듣고 많이 놀란다. 마냥 아이라고 생각했던 자녀가 이런 생각을 하고 있구나, 이런 질문을 할 수 있구나 하고 깨닫게 되면서 평소에 보지 못했던 자녀의 모습을 알게 되는 것이다.

정신건강의학과 의사인 오은영 박사는 육아의 궁극적인 목적은 자녀의 독립이라고 했다. 부모의 역할은 자녀가 자신의 삶을 독립적으로 살아갈 힘을 길러주는 것이라 설명한다. 이를 실현하기 위해서는 부모도 자녀를 마냥 어린 존재로 보는 것이 아닌 한 객체로서 존중하는 과정을 계속해서 거쳐나가야 한다. 이는 진솔한 대화를 통해 가능할 것이다. 자녀와의 건강한 관계를 위해 다른 무언가를 더 해야 하나 고민하지 말고 지금 할 수 있는 것, 함께 책을 읽고 질문해보자.

내용
질문하기

패션을 논할 때 'TPO'라는 단어를 종종 사용한다. Time(시간), Place(장소), Occasion(상황)에 맞춰 옷을 갖춰 입는다는 말이다. 이런 신조어가 만들어진 이유를 생각해보면 그때그때 상황과 대상에 따라 우리의 행동이 바뀌어야 질적인 교류를 맺을 수 있다는 전제일 것이다. 질문도 마찬가지다.

유치원생에게 각 국가의 역사와 관계에 대해서 물을 순 없다. 반대로 초등 고학년에게 옷장 속에 사는 상상 속 친구에 대해 말해보라고 하는 것도 옳지 않다. 나이와 영어 수준에 따라 책의 수준을 달리하는 것처럼 질문의 수준도 달라져야 한다.

질문의 종류는 크게 2가지로 나눈다. 내용 질문과 생각 질문이다. 내용 질문은 책 내용에 대한 질문이다. 생각 질문은 책에 나온 소재나 주제, 대화를 이용하여 생각을 키워가는 질문이다. 먼저 내용 질문부터 살펴보자.

내용 질문은 책 내용을 확인하는 용도로 만들어지긴 했다. 그러나 단순히 책에 있었던 내용의 유무를 확인하는 것이 아니다. 내용 질문은 아이가 책을 읽고 전체적인 줄거리를 말할 때 책에서 중점적으로 봐야 하는 중심 내용은 무엇인지 은유적으로 알려주는 질문이다. 그러니 너무 세세하거나 사소한 것을 묻게 되면 다음에 책을 읽을 때 큰 흐름보다도 세세한 내용에 민감하게 반응하게 된다. 내용을 파악하는 것이 우선이지 글을 외우는 것이 책 읽기의 목적이 아니다. 따라서 내용 질문은 내용을 충분히 인지했는지 도와주는 질문이라고 생각하면 된다.

내용 질문의 나쁜 예

What was Amy reading when Marge Sullivan came to the clinic?

Marge Sullivan이 클리닉에 들어오던 때 Amy가 읽고 있던 책 제목은 무엇인가?

── 『The Critter Club #1 Amy and the Missing Puppy』

When was the time George got his special power of burping?

George가 특별한 트림 파워를 가졌을 때는 언제인가?

── 『George Brown #1 Class Clown』

Where was Drake' family's farm?

Drake 가족의 농장은 어디에 있었는가?

── 『Dragon Masters #1 Rise of the earth dragon』

내용 질문은 4가지 종류의 질문으로 나눠볼 수 있다. 간단한 규칙을 파악하면 어떤 책이든 내용 질문을 묻고 간단하게 확인할 수 있다.

첫째, 인과관계cause-effect 질문이다.

인과관계 질문은 사건 발단의 '이유'를 묻는다. 모든 이야기에는 갈등이 있다. 아이가 주로 기억하는 부분은 갈등의 최고조 시점인 절정climax이다. 여기서 중요한 것은 '왜' 이 사건이 시작되었는지 알고 있는지다. 어떻게 사건이 시작되었는지, 어떤 계기가 있었는지 인과관계 질문을 해보자. 그 과정에서 등장인물의 성격이나 특징도 어느 정도 파악할 수 있다는 장점이 있다.

What brought Eva to plan a spring festival?

Eva가 봄 축제를 계획하게 된 이유는 무엇인가?

— 『Owl Diaries #1 Eva's Treetop Festival』

Why does family call Dory Rascal?

가족들이 Dory를 악동으로 부르는 이유는 무엇인가?

— 『Dory Fanstasmagory』

Why did Heidi make a mad face pancake?

왜 Heidi가 팬케익으로 화난 표정을 만들었는가?

— 『Heidi Heckelbeck #1 Heidi Heckelbeck Has a Secret』

Why is everyone surprised to see Owen the snake at school?

학교에서 뱀 Owen을 본 모두가 왜 놀랐을까?

— 『Sophie Mouse #1 A new friend』

둘째, 어떻게how에 대한 질문이다.

사건이 터졌을 때 문제를 해결하기 위해 주인공이 어떻게 대처했느냐에 중점을 두는 질문이다. 마무리를 어려워하는 아이들이 있다. 책의 줄거리를 말할 때도 끝부분에 가서는 기억이 희미

해지는 경우이다. 책을 읽는 집중력이 끝부분에 가서 떨어지는 것일 수도 있고, 책의 전반부보다 긴장감과 흥미가 떨어져서 그럴수도 있다. 그래서 한 번씩 이야기가 어떻게 끝을 맺었는지 물어봐서 아이가 글의 내용을 이해하는지 확인한다. 특히 탐정물에서는 사건의 실마리를 취합하여 결론이 나기 때문에 '어떻게'에 대한 질문이 중요하다.

How did Cam find out where the thief might be?

Cam은 도둑이 있을 만한 곳을 어떻게 알게 되었나?

— 『Cam Jansen Catnapping』

How does it turn out that all the three suspects didn't steal Hollywood Heather?

3명의 용의자가 Hollywood Heather를 훔치지 않았다는 것이 어떻게 밝혀졌나?

— 『Nancy Drew #1 Sleepover Sleuths』

How did Mr. Fox help his family and himself at the end?

Mr. Fox는 어떻게 자신과 가족을 도울 수 있었나?

— 『Fantastic Mr. Fox』

셋째, 어떤 결과나 일에 대하여 이유나 방법이 여러 가지 있는 경우이다.

예를 들어, 〈Junie B. Jones 시리즈〉의 첫 책인 『Stupid Yellow Bus』 같은 경우에 주인공 Junie B.가 다시 버스를 타기 싫어했던 이유가 단순히 더러워서가 아님을 알아야 한다. 주인공이 어떠한 선택을 하고 감정을 갖는 데는 복합적인 이유가 있다. 버스에 같이 앉을 친구가 없고, 가족이 타는 자가용처럼 창문을 자유롭게 열 수 없어 덥고 답답했던 이유도 있다. 이런 여러 가지 이유를 책 내용에 근거하여 찾아보는 것이다.

What made Marvin sure that he was Prince Robert?

Marvin이 자신이 Robert 왕자라고 확신하게 된 이유는 무엇인가?

── 『Marvin Redpost #1 Kidnapped at Birth』

What are the clues that the man tied up in the room wasn't Wallis?

묶여 있던 남자가 Wallis가 아니었던 단서들은 무엇이 있는가?

── 『A to Z Mysteries #A absent Author』

What are some weird things about Miss Daisy?

Miss Daisy에 대해서 이상한 점들은 무엇이 있는가?

— 『My Weird School #1 Miss Daisy is Crazy』

넷째, 순서를 말해보게 하는 것이다.

줄거리 순서를 통해 아이가 책 내용을 이해하는 구조를 갖게 하기 때문이다. 예로 Roald Dahl 작가의 『The Enormous Crocodile』의 줄거리는 거대한 악어가 어린아이들을 잡아먹으려 할 때마다 동물들이 차례로 나와 아이들을 구조해주는 간단한 이야기다. 그러나 순서를 말해보게 하면 책을 읽는 집중도가 달라질 수 있다. 처음에는 악어가 야자수 나무로 변장하여 아이들을 속이려 할 때 하마가 나와서 도와주고, 그다음 놀이터에서 시소, 회전목마, 피크닉 테이블로 시도하는 악어에게 원숭이, 새, 코끼리 순으로 아이들을 도와준다. 이처럼 이야기 순서를 말하게 하면 아이가 글에 대해 세분화해서 생각할 수 있게 도와줄 수 있다.

List the happenings that occurred in time order.

해프닝을 시간 순서대로 나열해보라.

— 『The 13-Story Tree house』

Whom and what do Ben and Granny encounter as they

were going to the Tower of London?

Ben과 할머니가 런던 타워로 가는 도중 누구와 어떤 일을 마주하게 되는가?

── 『Gangsta Granny』

Explain how Daisy got crosser at the fun fair.

Daisy가 놀이공원에서 점점 화가 난 이유를 순서대로 설명해보자.

── 『Daisy and the trouble with Coconuts』

내용 질문을 하는 이유는 글의 내용을 기억하는 데 그치지 않고, 중요한 부분을 다시 한 번 상기시켜 책 내용에서 중심 내용을 파악하게 하기 위해서다. 분명 책 내용을 아는데 설명하기 어려워하는 아이들이 있다. 어떤 점이 더 중요하고, 덜 중요한지 몰라서 그렇다. 그럴 땐 질문을 통해 요점 정리만 해도 이야기의 흐름을 정리할 수 있다. 더 나아가 상대방이 하는 질문의 요지를 파악해서 그에 맞는 답을 내는 연습도 할 수 있다. 특히 아이들은 how와 why의 차이를 모르는 경우가 있는데 질문을 반복해서 연습하면 그 차이를 알 수 있게 된다. 이 훈련은 후에 리딩서를 읽고 문제를 풀 때도 효과적으로 도움이 된다.

생각
질문하기

　내용 질문으로 아이의 이해도를 파악하고 나서 물어볼 질문은 바로 생각 질문이다. 생각 질문은 책이 전하는 주제나 가치를 생각해볼 수 있는 질문이다. 질문하는 영어 독서의 핵심이라고 할 수 있는 부분이다. 책을 읽고 단순히 '재밌었다', '좋았다', '나빴다' 정도로 끝내는 것이 아닌, 책을 읽고 나서 아이의 생각을 만들어보고 나누는 과정을 갖는 것이다.

　연령에 따라 질문의 깊이나 다양성은 다르지만 책에 나온 주제나 소재를 사용하는 것은 같다. 책이 전하는 주제를 찾는 질문을 할 수 있기도 하다. 생각 질문의 특징은 책에서 답을 얻는 것이 아니다. 또 정답이 존재하지 않는다. 생각 질문에 대한 답은 아이마다 달라질 수 있다. 예를 들어, 〈Magic Tree House 시리즈〉 같은 경우는 시간 여행을 통해 과거에 일어났던 중요한 사건이나 지구의 주요한 서식지를 경험하는 것이 주를 이루는 이야기다. 이때 아이에게 물을 수 있는 생각 질문은 '주인공이 되었을 때 어디로 모험을 떠나고 싶은지', '누굴 만나고 싶은지', '그를 만났을 때 어떤 질문을 할지' 등이다. 아이가 지금 무엇에 관심을 갖고 있는지, 평소 어떤 것을 궁금해하는지에 따라 답은 다를 것이다.

그렇다면 생각 질문을 통해서 아이들이 얻을 수 있는 것은 무엇일까?

첫째, 내 의견에 대한 이유와 근거를 생각하고 말하는 연습을 하며 논리적인 사고를 기를 수 있다.

생각 질문의 답변에는 정답이 있는 것이 아니기에 아이는 자신이 왜 이렇게 생각하는지 설명하고 상대방을 설득하는 과정을 거친다. 이때 아이는 자신의 마음이나 취향, 의견 등을 객관적으로 바라보는 과정을 거치며 자신의 의견을 뒷받침할 수 있는 이유를 생각하게 된다. 처음에는 자신의 취향에 바탕을 둔 대답이 대부분이라면 점차 책의 수준이 올라갈수록 삶의 가치에 대해서도 생각해보고 자연스럽게 의견을 나누게 된다.

둘째, 다른 사람의 의견을 들으며 확장되는 세계관이다.

아이들은 경험치가 어른보다 현저히 적다. 때문에 책이나 주변 사람들을 통해서 간접적으로 듣고 배우는 경우가 많다. 질문을 통해 의견을 주고받는 과정에서 아이는 자신의 생각과 타인의 생각이 다를 수 있다는 점을 알게 된다. 뿐만 아니라 내 의견이 중요한 만큼 상대방의 의견도 중요함을 깨닫고 존중하는 법을 배우게 된다. 자연스럽게 소통의 기본인 경청과 토론에 대한 기본적인 자세를 습득할 수 있다.

셋째, 상상하기다.

직접 경험해보지 않은 환경이나 세상을 질문을 통해서 생각해보는 것이다. 상상하기야말로 창의력을 키우는 데 가장 좋은 밑재료이다. 말도 안 되는 생각이라는 것 자체가 이곳에선 없다. 누군가의 눈치를 보지 않고 아이가 '상상' 그 자체에 몰입할 수 있게 한다. 책에 몰입하여 독서의 즐거움을 만끽할 수 있는 것은 상상력이라는 재료 덕분이다.

If you see your friend cheating and being a bad sport, how would you react?
만약 친구가 부정행위하는 것을 보게 된다면 어떻게 반응할 것인가?

— 『Marvin Redpost #2 Why pick on me?』

Why shouldn't we give up?

왜 포기하지 말아야 할까??

— 『Ready Freddy #1 Tooth Trouble』

Is spying someone bad or okay? Why?

누군가를 염탐하는 것은 나쁠까? 왜 그럴까?

— 『Junie B. Jones #4 Sneaky Peeky Spying』

Are stereotype all bad? Why do we have them?

고정관념은 다 나쁜가? 왜 우리는 고정관념을 가질까?

— 『Judy Moody #1 Judy Moody was in a Mood』

What is most wanted superpower?

가장 원하는 초능력은 무엇인가?

— 『Captain Awesome #1 Captain Awesome to the Rescue』

Why are we afraid of aliens?

왜 우리는 외계인을 무서워할까?

— 『Galaxy Zack #1 Hello Nebulon』

If you were Rosamond, where would you put Annie's key
to keep it safe? Why?

네가 Rosamond라면 어디에 Annie의 열쇠를 두는 것이 안전
할까? 왜 그곳에 두는 게 좋을까?

— 『Nate the Great #6 Missing Keys』

Why do we take sides?

왜 우리는 편을 들까?

— 『No Talking (Andrew Clements)』

Why is it important to put yourself in someone else's
shoes?

다른 사람의 입장이 되는 것은 왜 중요한가?

— 『Magic Finger (Roald Dahl)』

Can you tell us any dangerous things that can seemingly
useful to us?

우리에게 유용해 보이는 것들 중에 위험한 것은 무엇인지 말
해볼 수 있는가?

— 『Roscoe Riley #1 Never Glue Your Friends to Chairs』

그렇다면 생각 질문을 할 때 주의 사항은 없을까?

'Do you~'로 묻는 질문은 피해야 한다. Do you~로 시작하는 질문은 Yes 혹은 No로 답변하게 된다. 아이들은 '예', '아니오' 정도 대답한 후 왜 그렇게 대답했는지 그 이유나 설명을 깊게 하지 않는다. 실제로 수업에서 자주 들을 수 있는 답변은 'Just'였다. '그냥'이라는 답변이 나오는 순간 어떤 질문을 해도 막아버리는 천하무적 존재가 되어버린다. 이는 생각 질문의 요지에서 벗어나기 때문에 '예', '아니오'로 대답하는 질문은 지양한다.

다음은 아이의 생각 범위 이내의 질문을 하는 것이다. 아이가 저학년일 때는 세상의 중심이 아직 '나' 시점이다. 아이가 직접 경험한 세계의 폭이 좁기도 하다. 이때는 사회적인 문제를 부각시키기보다 아이의 경험이나 생활에 대해 묻는 질문을 한다. 아이 중심적인 질문일수록 좋다. 예를 들면, 처음 학교에 입학했을 때 친구를 사귀기 위해 했던 행동, 혹은 친구와 다퉜을 때 어떤 기분이었고 어떻게 화해하려고 노력했는지 등을 떠올리게 하는 것이다.

초등 고학년 때부터는 가정에서 벗어나 학교생활이나 친구관계에 점차 관심을 갖게 된다. 이 시기부터는 한 단계 나아가 질문해볼 수 있다. '나'에서 '너', '타인'으로 관점을 옮겨간다. 학교에 처음 온 친구에게 해줄 수 있는 것은 무엇일지 질문하거나 친구 사귀기가 때때로 어려운 이유를 생각해보게 하는 것이다. 더 깊게는 학교의 의미나 친구의 의미에 대한 정의를 내려볼 수 있다. 중등 이상의 아이에게는 사회적인 의미도 고민해볼 수 있는 질문을 해본다. 사회적인 현상인 인구 고령화, 인구 감소 등의 문제에 앞으로 학교는 어떻게 변화해야 하는지 질문해볼 수 있겠다. 이처럼 아이의 성장에 따라 질문의 난이도를 달리해야 효율적으로 생각 질문에 대한 활동을 할 수 있다.

다음 장에서는 영어책의 단계별로 영어 수준, 아이 정서나 배경지식에 따라 어떤 맞춤 생각 질문을 할 수 있는지 구체적인 예와 함께 소개하려고 한다.

리더스 읽고
질문하기

리더스를 읽는 나이대는 대게 초등학교 입학 전후 시기다. 이제 막 책을 읽기 시작할 때로 질문보다는 우선 읽는 자체를 즐길 수 있도록 한다. 질문은 핵심 내용을 파악하는 정도로만 한다. 세세하게 질문하면 읽는 재미가 반감되고, 답을 해야 한다는 압박감을 느낄 수 있다.

리더스의 대표적인 시리즈인 〈Step into Reading 시리즈〉를 가지고 몇 가지 질문 예시를 소개한다. 〈Step into Reading 시리즈〉는 1~4단계로 나뉘어져 있으며 단계가 올라갈수록 단어, 문장 수가 늘어난다.

1단계는 한 페이지에 2~3개의 단어 정도로 그림과 글에 익숙해지는 단계이다. 글보다는 그림을 통해 어떤 상황인지 상상해보는 질문을 하면 좋다.

2단계부터 내용 질문과 생각 질문을 한다. 리더스 단계에서 내용 질문의 특징은 지극히 중심 내용을 묻는 것이다. 아이가 내용 자체를 이해하게 하는 데 목적이 있다. 아이들은 책을 처음 접할 때 이해하고 싶은 대로 본다. 그래서 질문은 맞게 읽도록 방향을 정해주는 수준이면 된다. 또한 리더스 단계의 생각 질문은 책에 담긴 교훈보다는 주인공의 행동이나 느낌을 이해하는 데 초점을 맞춘다. 아직 학교에 입학하기 전인 아이들은 상식이 무엇인지 모른다. 학교에 입학하고 나서 천천히 배워갈 부분이다. 그렇기에 주제를 파악하는 것보다는 흐름을 이해할 수 있도록 돕는 것이 효과적이다. 등장인물의 행동 이유, 말의 의미 등을 생각해보는 것으로 충분하다.

『Wake up, Sun』은 해가 뜨는 과정을 농장 배경으로 엮어낸 이야기다. 줄거리가 단순하기 때문에 동물마다 특징을 살려 아이가 이해했는지 대화해본다.

What do the animals do to wake up the sun?
동물들이 태양을 깨우기 위해 무엇을 하는가?

How is each animal nice to Farmer's baby?

각각의 동물들은 농부의 아기에게 어떻게 친절하게 대해줬
는가?

생각 질문으로는 책에 직접적으로 명시되지 않는 부분을 생
각해보게 한다.

How does Farmer's baby wake the sun?

농부의 아기는 어떻게 태양을 깨울까?

같은 패턴으로 다른 두 권의 책에 대해서도 질문을 들어보자.

How are mice nice to owners?

쥐들은 주인에게 어떤 식으로 친절하게 대했는가?

— 『Mice are Nice』의 내용 질문

What does a mouse want?

쥐는 무엇을 원하는가?

— 『Mice are Nice』의 생각 질문

Why doesn't P.J. take his sister to camping?

P.J.는 왜 그의 여동생을 캠핑에 데려가지 않는가?

— 『P.J. Funny Bunny Camps out』의 내용 질문

What do Honey Bunny and Donna know?

Honey Bunny와 Donna가 알고 있던 것은 무엇인가?

— 『P.J. Funny Bunny Camps out』의 내용 질문

Why do Honey Bunny and Donna scare P.J. and his friends?

Honey Bunny와 Donna는 왜 P.J.와 그의 친구들을 겁먹게 하는가?

— 『P.J. Funny Bunny Camps out』의 생각 질문

다음으로 〈Step into Reading 시리즈〉의 3단계이다. 이때부터는 한 페이지에 글이 3~4문장으로 늘어난다. 글이 길어지기 때문에 이야기가 다채롭고 훨씬 재밌다. 이때를 잘 이용해서 많은 리더스를 읽혀보는 것도 좋다. 내용 질문과 생각 질문은 2단계와 같은 형식으로 만든다.

Why does Jake want to talk to Urk?

Jake가 Urk와 대화하고 싶은 이유는 무엇인가?

— 『The Stinky Giant』의 내용 질문

What is Urk's deal?

Urk는 어떤 제안을 하나?

— 『The Stinky Giant』의 내용 질문

Why is water the answer to the riddle?

수수께끼의 답이 왜 물이었는지 말해보자.

— 『The Stinky Giant』의 생각 질문

What do Arlo and Robby have in common?

Arlo와 Robby가 가진 공통점은 무엇인가?

— 『The Missing Tooth』의 내용 질문

Why do they have a fight?

두 친구는 왜 싸우게 되었나?

— 『The Missing Tooth』의 내용 질문

Why does Arlo want to be the same with Robby?

Arlo는 왜 Robby와 같아지고 싶었나?

— 『The Missing Tooth』의 생각 질문

이제는 마지막 4단계이다. 리더스 4단계의 경우 한 페이지당 글이 5줄 이상을 넘어간다. 글이 많아 초반에는 아이가 거부할 수 있으니 이때는 부모가 읽어주는 것도 좋다. 4단계는 글의 전개가 3단계보다 빠르지 않고 설명이 많다. 이 시기를 잘 잡아두면 초기 챕터북은 진입이 쉬워진다.

What troubles does Steve bring in school?

Steve는 학교에서 어떤 문제를 일으키는가?

　　— 『How not to Start Third Grade』의 내용 질문

How does the first day of the school turn out to be?

개학 첫날의 학교는 어떻게 되었나?

　　— 『How not to Start Third Grade』의 내용 질문

Why does Will change his mind about his little brother?

Will은 왜 동생에 대한 생각을 바꾸는가?

　　— 『How not to Start Third Grade』의 생각 질문

Why weren't people worried about the ship?

왜 사람들은 배에 대해 걱정하지 않았는가?

　　— 『The Titanic Lost…and Found』의 내용 질문

What are some changes people made after Titanic?

Titanic 이후 사람들이 만든 변화는 무엇인가?

— 『The Titanic Lost…and Found』의 내용 질문

Why would the muscians keep playing music on the ship?

왜 음악가들은 배에서 계속 음악을 연주했을까?

— 『The Titanic Lost…and Found』의 생각 질문

『The Titanic Lost…and Found』는 이야기책이 아닌 비문학 책이다. 4단계에는 비문학 책도 많아진다. 한 번씩 이야기책과 섞어주면 따로 공부하지 않아도 다양한 정보를 습득하고 배경지식을 넓히는 데 도움이 된다.

챕터북 입문기 읽고 질문하기

챕터북 입문기의 책을 읽는 아이들은 초등 저학년이다. 먼저 저학년 때 나타나는 특징을 알고 그에 맞춰 할 수 있는 내용 질문을 알아보자.

이 시기 아이들은 학교라는 사회에 처음 놓여졌다. 사회적 경험이 적다 보니 자신의 세계가 '나' 혹은 '가족'에 제한되어 있다. 친구들과 어울려 노는 것이 좋지만 우정보다는 가족의 사랑이 더 중요한 시기다.

또 학습을 시작하는 시기로 아직 배경지식이 적다. 상식이 적기 때문에 질문을 했을 때 논리보다는 창의성, 상상력을 발휘해 대답한다. 집중력이 짧은 시기이기도 하다. 따라서 한 책을 처음부터 다 한다는 생각은 내려놓자. 억지로 아이를 붙잡고 있다가 오히려 독서에 대한 나쁜 인상만 심어줄 수 있다.

그럼 어떤 질문을 하면 좋을까? 또 주의할 점은 무엇일까?

먼저 아이의 세계에 대해 묻는다. 아이 자신과 가족에 대해 물어보면서 스스로 돌아볼 수 있도록 한다. 이 과정을 통해 인지 능력을 키울 수 있다. 주인공이라면 책의 상황에서 어떻게 행동할지, 또는 어떻게 느낄지 질문한다.

논리를 바라지 않는다. 마음껏 상상할 수 있는 질문을 한다. '만약'이라는 단어를 넣어서 질문하면 된다. '만약 미래를 볼 수 있다면', '만약 슈퍼파워를 갖는다면' 등의 질문이다.

그리고 길고 장황한 질문은 피한다. 명확하고 재밌는 질문, 다소 엉뚱한 질문을 한다. 질문이 어렵다는 편견이 들지 않게 한다.

그럼 초기 챕터북으로 추천했던 책을 가지고 직접 질문을 해보자.

Roald Dahl의 『The Enormous Crocodile』은 줄거리가 단순하면서도 기승전결이 확실해서 7, 8세 아이들에게 반응이 좋다. 무시무시한 악어가 여러 가지 속임수를 써서 아이들을 잡아먹으려 할 때마다 다른 동물들이 와서 도와주는 이야기다. 여기서 생각 질문을 살펴보자.

What other things can the enormous crocodile eat?

이 거대한 악어는 다른 어떤 것을 먹을 수 있을까?

아이들 대신 먹을 수 있는 것은 없었을까?

근처에서 먹을 만한 것을 찾아보는 것은 어떨까?

If you were the one of the animals, how would you punish the enormous crocodile?

만약 그 동물들 중 하나라면, 너는 이 거대한 악어를 어떻게 처벌할 것인가?

만약 다른 동물이었다면 악어를 어떻게 응징했을까?

악어를 혼내줄 기발한 방법을 떠올려보자.

〈Horrid Henry 시리즈〉는 익살스러운 악동인 Henry가 벌이는 소동 때문에 남자아이들에게 인기가 있다. Early Readers라고 해서 단편이 한 권으로 나오기도 하고 4편을 묶어 한 권의 책으로 나오기도 한다. 『Horrid Henry's Dance Class』를 보면 선생님 구령에 맞춰 춤추기를 싫어하는 Henry의 모습이 담겨 있다. 이때 할 수 있는 질문을 살펴보자. 재미없다 느끼는 수업에서는 어떻게 행동하는지 물어보면서 Henry와 자신의 닮은 점, 혹은 다른 점도 비교해볼 수 있다.

How do you act when you are uninterested in the class?

관심 없는 수업을 들을 때 어떤 행동을 하게 되는가?

『Horrid Henry's Holiday』는 느긋하게 텔레비전을 보면서 쉬는 게 최고의 휴일이라고 생각하는 Henry의 이야기다. 아이들에게 각자가 생각하는 최고의 휴일은 무엇인지 물어보며 취향이나 가치관을 생각해볼 수 있게 한다. 또 그런 휴일을 보낼 때 기분이 어떤지 물어 표현력도 길러본다.

What is your idea of a super holiday?

최고의 휴일에 대한 나만의 생각은 무엇인가?

다음은 여자아이들이 좋아할 만한 시리즈다. 〈Junie B Jones 시리즈〉 중에서도 『Some Sneaky Peeky Spying』에서 질문을 살펴보자. 누군가를 몰래 숨어서 지켜보다 깜짝 놀래키는 걸 좋아하는 Junie B.가 이번엔 마트에서 선생님을 발견하곤 겪게 되는 에피소드였다. 여기서 할 수 있는 질문은 2가지 정도다. 질문을 받곤 그동안 무심하게 보아넘겼던 집의 구조를 곰곰이 생각해보게 될 것이다. 그러곤 자신이 숨을 만한 공간도 생각해보면서 창의력도 키울 수 있다.

What is a good hiding spot in your home?

우리집에서 숨기 가장 좋은 곳은 어디인가?

선생님에 대한 비밀을 지키다가 결국 터져버린 Junie B.와 비슷한 경험이 있는지 물어보고 주인공에게 공감할 수 있는지 알아본다.

Have you ever kept a secret before? What was it and why?

비밀을 지켜본 적이 있는가? 있었다면 무슨 비밀이었고, 왜 지켰는가?

〈Olivia Sharp 시리즈〉의 Olivia는 자신이 잘하는 문제해결 능력을 가지고 친구들의 사건을 해결해준다. 『Olivia Sharp Pizza Monster』에서는 Duncan이 친구와의 문제를 해결해달라 Olivia를 찾아온다. 여기서 물을 수 있는 질문이다.

If you are good at something, how would you share it with others?

내가 잘하는 것이 있다면 어떻게 다른 사람들과 나눌 수 있을까?

질문을 활용해 시야를 넓혀볼 수 있게 하는 것도 아이에게 긍정적인 영향을 줄 수 있다. 거창한 것이 아니더라도 누군가를 위해 잃어버린 물건을 찾아준다거나 물건을 들어주는 것도 훌륭하다. 아이가 자신의 장점을 발견할 수 있도록 도와주자.

Why do people need jokes?
왜 사람들에게 농담이 필요할까?

Duncan의 우정이 금이 갔던 이유는 Duncan의 재미없는 농담 때문이었다. 왜 좋은 농담, 유머가 필요한지 생각해보는 것도 재밌는 질문이 될 수 있다. 이 질문이야말로 정답이 없다. 그러나 아이가 '왜'라는 질문에 답을 하면서 조금 더 근본적인 것들을 생각해볼 수 있다.

챕터북 입문기 질문은 간결하고 경험을 묻는 것이 많다. 이를 통해서 아이는 책에 나온 소재를 가지고 자신의 이야기를 마음껏 할 수 있다. 이때 부모는 경청해주고 적극적으로 반응해준다. 그러면 아이는 더욱 자신감을 갖고 자존감도 올라갈 것이다. 꼭 영어책이 아니더라도 우리말 책을 가지고도 같은 방법으로 활용이 가능하다.

챕터북 중기 읽고
질문하기

챕터북 중기부터는 책의 분량이 늘어나면서 소재도 다양해진다. 본격적으로 아이 스스로 책을 읽는 시기다. 이때는 자신이 재밌어 하는 책을 골라 읽는다. 편의상 입문기와 중기를 나눴지만 사실 그 경계가 분명하진 않다. 기간으로 따지면 적게는 3개월에서 9개월까지 차이가 나는 정도다. 연초에 입문기 책을 읽다가도 여름이 지나 중기 책을 읽을 수 있다. 따라서 한 번에 한 단계 위로 올라간다는 생각보다 서서히 섞어주는 것이 좋다. 여름부터 중기 책을 10~20% 섞어보는 것이다. 그리고 나서 가을부터 중기 책 위주로 볼 수 있게 한다.

책의 분량은 늘어났으나 아이는 여전히 비슷한 경험치를 갖는다. 그래서 질문의 종류를 달리하거나 어렵게 할 필요는 없다. 입문기와 비슷한 수준의 질문을 한다. 다만 아이가 읽을 수 있는 책의 종류가 다양해진 만큼 다양한 소재로 이야기해볼 수 있는 것이 이 시기의 특징이다.

1. 입문기 때와 마찬가지로 아이들의 세계에 대해 물어본다.
2. 논리보다는 상상력, 창의력을 키울 수 있는 질문을 한다.
3. 장황한 질문이 아니어야 한다. 콕 짚어서 묻고, 한 번에 이해할 수 있을 정도로 쉽게 만든다.

챕터북 중기 책은 워낙 다양하기 때문에 총 6권의 책을 선정해 생각 질문을 실었다. 맥락을 확인한 후 대략 중기의 질문 수준을 가늠해보자.

먼저 고른 책은 판타지 책인 〈Dragon Masters 시리즈〉의 『Rise of Earth Dragon』이다. 용에게 선택받은 아이들이 트레이닝을 받는 과정을 엮은 내용으로 Drake라는 소년이 왕의 명령에 따라 집과 가족을 떠나 성에서 살게 된다. 질문을 통해 Drake라면 어땠을지 상상해보게 한다. '용'이라는 소재는 영화나 책에서 많이 쓰인다. 상상의 동물인 용이 갖고 있는 특징을 생각해보게 한다. 추가적으로 아이가 용을 갖게 된다면 무엇을 하고 싶은지도 나눌 수 있다.

If you were Drake, would you stay at home or work for the king? Why?

만약 Drake라면 집에 남을 것인가, 아니면 왕을 위해 일을 할 것인가? 왜 그런가?

What are some special features of dragons?

용의 특별한 특징은 무엇인가?

〈Ready Freddy 시리즈〉는 저학년 아이들이 학교에서 겪어볼 수 있는 일상적인 이야기를 담고 있다. 『Tooth Trouble』에선 Freddy가 반에서 혼자만 이빨이 빠지지 않아서 혼자 전전긍긍한다. 직접 실을 묶어 빼보려 하고, Bully한테 맞기까지 한다. 책에 나온 방법 말고 다른 안전한 방법이나 기발한 방법은 없는지 이야기해본다. 비슷한 나이대에 경험할 수 있는 소재이기 때문에 쉽게 공감할 수 있다.

아이의 경험을 책과 연결시킬 수 있는 질문이다. 이 나이대의 아이는 아직 사람의 심리에 대한 깊은 이해가 어렵기 때문에 '왜'를 묻기보다는 자신과 주인공을 연결시킴으로써 공감하고 동질감을 느낄 수 있도록 하는 것이 중요하다.

How would you help Freddy fall out his tooth?

Freddy의 이가 빠지는 것을 어떻게 도울 것인가?

Let's share a moment you did something silly because you
wanted something really bad.
무언가를 갖기 위해서 했던 바보 같은 짓이 있다면 나눠보자.

〈Marvin Redpost 시리즈〉는 어휘가 어렵지 않은데 사람의
심리, 감정 묘사가 워낙 세밀하다 보니 저학년 아이가 이해하는
데 어려움이 있다. 특히 『Alone in His Teacher's House』는
선생님의 반려견을 맡아서 봐주다가 노견이 죽는 내용이다. 이때
물어볼 질문은 뭐가 좋을까?

밥 먹기를 거부하던 노견 Waldo를 도울 수 있는 방법을 생각
해보게 한다. 책 속에서 Marvin이 시도했던 여러 가지 방법도 떠
올리며 부모가 같이 방법을 찾아보는 것도 좋다. Marvin은 선생
님이 맡긴 일을 하면서 막중한 책임감을 느낀다. 저학년 아이들이
경험하기는 쉽지 않은 일이다. 대신 질문을 통해 어떤 일을 도맡
을 수 있는지 생각해볼 순 있다.

What ideas do you have to help Waldo eat food?
Waldo가 먹을 수 있도록 도울 만한 아이디어는 무엇일까?

If you get to choose a chore, what can you do confidently?

집안일을 하게 된다면, 어떤 일을 자신 있게 할 수 있는가?

⟨My Weird School 시리즈⟩는 남녀 모두 좋아하는 시리즈로 특히 『Miss Daisy is Crazy』에선 담임선생님마저도 학교를 싫어한다고 해서 아이들이 재밌어 했다.

생각 질문으로는 학교를 왜 다녀야 하는지 모르겠다는 주인공에게 어떤 말을 해줄 수 있는지 고민해본다. 주인공은 학교를 게임장으로 바꾸는 데 성공한다. 만약 학교를 하루 빌릴 수 있다면 무엇으로 바꾸고 싶은가? 자유롭게 대화해볼 수 있다. 아이의 평소 관심사도 절로 알게 될 것이다.

What are some advantages of going to school?

학교에 가면 어떤 장점이 있는가?

If you could turn your school into anything you want, what would that be? Why?

만약 학교를 바꿀 수 있다면 뭘로 바꾸고 싶은가? 그 이유는?

⟨The Critter Club 시리즈⟩는 Critter이라는 이름처럼 작은 동물과 여자 친구 4명이 함께 만들어가는 시리즈다. 『Amy and the Missing Puppy』에서는 단서를 이용해 사건을 해결하는 Amy의 모습이 잘 담겨 있다.

잃어버린 개를 찾는 전단지에 넣는 내용은 무엇일까? 실제 겪지 않았지만 보는 사람들을 이해시키기 위해 무엇이 중요한 정보일지 생각해본다. 최악의 방학 때 일어날 수 있는 일에 대해서도 이야기해보자. 대답을 찾다보면 지난 방학을 떠올려보거나 앞으로의 방학을 기대해볼 수 있다.

What should we include in a flyer about a missing dog?
잃어버린 개를 찾는 전단지에 무엇을 넣어야 할까?

What could be your worst vacation experience?
최악의 방학 때 겪을 수 있는 일은 무엇인가?

〈Heidi Heckelbeck 시리즈〉는 여자아이들이 좋아할 만한 요소가 많다. Heidi의 미스터리한 정체뿐만 아니라 일상 소재, 패션 요소가 잘 담겨 있다. 『Cookie Contest』에서는 최고의 쿠키를 만들어 상을 꼭 타고 싶은 Heidi의 심정이 잘 나타났다. 굳이 쿠키가 아니더라도 아이들이 해보고 싶은 것, 잘하는 것, 도전하고 싶은 것에 대해서 자유롭게 이야기해본다. 그러면 Heidi만의 대회가 아닌 모두의 대회가 될 수 있다.

What is the benefit of contests?

대회의 이점은 무엇인가?

대회에 나가면 뭐가 좋을까?

경쟁과 대회는 다른데 뭐가 다를까?

Name 3 contests you would like to enter.

참가하고 싶은 대회 3개를 말해보자.

챕터북 중후반기 읽고 질문하기

중기와 중후반기의 큰 차이점은 분량과 단어 난이도이다. 중기의 책이 10챕터를 기준으로 했다면 중후반기는 12~15챕터로 늘어나거나 한 챕터당 페이지 수가 늘어 책 두께가 두꺼워진다. 등장인물 수도 많아진다. 또 중기의 단어가 Grade 2~3 정도 수준이었다면 중후반기부터는 Grade 3~4로 한층 더 어려운 어휘도 눈에 뛴다. 그러나 중후반기까지는 배경지식을 활용하기보다는 쌓는 시기로 중기와 생각하는 과정은 비슷하다. 연령은 9~10세 정도로 깊은 내면의 세계나 무거운 토론 주제는 나오지 않는다. 역사적·과학적 사실들이 이야기 속에 녹아 있어 몰랐던 것을 배우는 시기라고 할 수 있다.

1. 아이 자신만의 세계를 공동의 세계로 확장시켜 주도록 한다. 경험을 묻기보다 보통 사람들이 갖는 일반적인 생각에 대해 이야기하며 좀 더 객관적인 시선을 갖게 한다.

2. Yes/No 질문을 활용하여 아이의 의견을 이끌어낸다. 후반기와 노블 단계에서는 배경지식과 자신의 가치관을 확립해가는 시기이다. 그때를 준비할 수 있도록 답하기 쉬운 질문을 통해서 자신의 의견을 뒷받침할 수 있는 이유를 생각해보게 한다. 논리성을 키우는 연습이 될 것이다.

3. 본격적으로 질문에 '왜'를 넣어서 당연하게 알고 있는 것을 다시 돌아보게 한다. 어떠한 현상이나 사건에 대해 의심해보면서 폭넓은 사고를 끌어낸다. 후차 질문이나 예시를 주면 질문에 대해 좀 더 집요하게 생각해볼 수 있다.

〈Nancy Drew 시리즈〉의 『Sleepover Sleuths』에서는 나만의 취향이 아닌 또래 친구들이 좋아하는 장난감을 생각해보자. 왜 그것이 인기 있는지 장난감 뒤에 숨어 있는 사람들의 심리도 생각해보게 한다. 이때 단순히 '재밌어서'라는 대답이 나오지 않게 한다. 또 왜 특정 사람들에게 미스터리가 재밌는지 미스터리의 특징을 생각해보고, 그러한 특징이 잘 드러나도록 작가가 어떤 노력을 했는지도 생각해보게 한다.

What is the most popular toy for kids now? Why?

지금 아이들에게 가장 인기 있는 장난감은 무엇인가?

Why do some people like to read mysteries?

왜 사람들은 미스터리 읽는 것을 좋아할까?

〈Boxcar Children 시리즈〉는 고아가 된 아이들이 할아버지를 피해 숲속에서 사는 이야기로 아이들이 흡입력 있게 잘 읽는 책 중 하나다. 이야기의 소재가 현실에서 일어날 수 있을까? 이 질문에 아이들의 의견이 분분했다. 의식주를 어떻게 해결할 것인지 구체적인 방법까지 이야기해보자. 책의 중심 주제는 '가족'이었다. 서로 알아보지 못할 정도로 왕래가 없었던 할아버지와 아이들이지만 가족이기에 서로 끌리고 또 도와주는 모습이 나온다. 가족이 주는 의미에 대해서 나눠보도록 한다.

Can kids live on their own without their parents?

부모님 없이 아이들 혼자 살 수 있을까?

Why should family members look after each other?

왜 가족 구성원은 서로 돌봐야 할까?

〈Magic Tree House Merlin Mission 시리즈〉의 『Abe Lincoln at Last!』를 읽고 모호한 주제에 대해 이야기를 나눠본다. 믿지 않으면 벌어지는 일들에 대해 나열해보면 믿는 것이 왜 중요한지도 나온다. 추상적인 개념으로 질문이 어려워질 때는 등장인물들이 이 주제에 대해 어떻게 행동했는지 떠올려보면 아이가 생각하는 데 도움이 된다.

Why is it important to trust something?
무언가를 믿는 것은 왜 중요할까?

Describe anything you know about Abraham Lincoln.
링컨에 대해 아는 것이 있다면 무엇이든 설명해보라.

〈Daisy 시리즈〉의 『Daisy and the Trouble with Coconuts』를 읽고 가장 먼저 떠오르는 것은 사람들이 롤러코스터를 타는 이유를 묻는 것이다. 그런데 이때 제일 나쁜 대답은 'just'이다. '그냥'이라는 단어 하나로 생각을 미룰 수 있다. 그런 대답이 나오지 않도록 주의하자. 롤러코스터가 다른 놀이기구와 다른 점을 비교해볼 수도 있고, 타면서 취하는 행동을 자세히 관찰해보는 것도 도움이 된다.

또 시위를 통해 불만을 표출하는 Daisy의 모습이 책에 담겨 있다. 질문은 항의하는 것이 '나쁘다' 혹은 '좋다'의 의견을 내는 데 그치지 않고, 시위할 때 지켜야 할 문화와 예절을 생각해봄으로써 어떻게 사회의 구성원이 공존하는가를 생각해볼 수 있게 해야 한다.

Why do some people enjoy roller-coaster rides?

왜 사람들은 롤러코스터를 탈까?

Share a quick guide to protest etiquette.

시위를 하게 될 때 지킬 예절에 대해 나눠보자.

챕터북 후반기, 노블 읽고 질문하기

챕터북 후반기와 청소년 소설(노블)부터는 삶에 대한 고민이 담겨 있다. 주 독자층은 초등 고학년으로 사춘기가 막 시작하는 시기다. 이 시기 책에는 삶과 죽음, 성공과 실패, 과정에 대한 이야기와 함께 인간의 깊은 감정이 담겨 있다. 그렇기 때문에 영어 실력이 받쳐준다 해도 책을 읽다가 좌절하는 경우도 많다. 단어를 알아도 책 내용을 이해하지 못하기 때문이다. 따라서 전 단계에서 충분히 정서적·사회적 성장을 이룬 후 이 단계의 책을 읽어볼 것을 권한다.

1. 등장인물의 전후 사정을 깊이 이해해보게 한다. 책에서 함

축적으로 표현된 것에 의미를 담아본다. 역사적 배경과 상황을 고려해서 등장인물의 생각이나 말의 의미를 되짚어본다. 챕터북 초·중기보다 등장인물의 성격이 입체적이다. 무조건적인 악역도 없다. 그렇게 행동할 수밖에 없었던 이유를 고민해보도록 한다.

2. 나 자신과 가족을 넘어 사회로 시선을 확장한다. 우리가 살고 있는 세계, 인생과 죽음에 대해 이야기해볼 수 있다. 주제가 무겁더라도 아이가 어리다는 고정관념을 내려놓고 진지하게 이야기해본다.

3. 문제에 대한 해결 방법을 고민한다. 자신이 갖고 있는 배경지식을 활용해 문제를 해결하거나 원만하게 풀어내는 데 무엇이 도움이 될지 생각해본다. 또 그 방법이 어떻게 실현될 수 있을지 제시해보기도 한다.

Andrew Clements의 『No Talking』은 간디에게 영감을 받은 주인공 Dave가 학교에서 묵언 수행을 해본 것이 학년 전체 남학생, 여학생끼리의 경쟁이 되어버리는 이야기다. 시끄럽게 떠들던 학생들이 하루아침에 조용해진 모습을 보면서 선생님들은 어리둥절하고 급기야 교장선생님은 이를 보고 화를 내기 시작한다. 이 책은 우리가 당연하게 여기고 쓰는 '말'과 '규칙'에 대해 생각해보게 한다. 규칙은 누가 정해야 할까? 규칙을 만드는 사람과 따르는 사람, 어떻게 하는 것이 공정한 것인지 생각해볼 수 있다. 특히 교장선생님 Mrs. Hiatt는 이야기가 전개됨에 따라 변하는 인물이다. Mrs. Hiatt가 Dave에게 소리쳤던 이유와 따로 불러 했던 이야기들을 종합해서 생각해봤을 때 어떤 어른의 모습을 그렸는지 이야기해보자.

Who should set the rules?

규칙은 누가 정해야 할까?

What kind of person do you think Mrs. Hiatt is?

Mrs. Hiatt는 어떤 사람인가?

『Kira-kira』는 1950년대 배경으로 일본에서 미국으로 이민을 와 생활이 고달팠던 한 가정의 이야기를 그린다. 큰딸 Lynn은 바쁜 부모님을 대신해 동생 Katie와 막냇동생을 돌봤다. 그런 Katie에게 Lynn은 언니 이상이었다. 이들의 일상은 소박하지만 잔잔한 행복이 있었다. 그런 Lynn이 병에 걸리고 가족은 점점 붕괴되어 가는 듯하다. 결국 Lynn이 떠나고 Katie는 마음가짐을 달리하게 된다. 이야기의 마지막 가족들이 캘리포니아로 여행지를 결정하게 된 계기가 무엇인지 생각해보자. 그 전에는 왜 갈 수 없었는지 떠올려보면 어떤 큰 결단을 내렸는지 알 수 있다.

What kind of sister was Lynn to Katie?

Lynn은 Katie에게 어떤 언니였나?

Why did the family head to California?

가족들은 왜 캘리포니아로 향했을까?

『How to Steal A Dog』은 집에서 쫓겨나 차에서 지내게 된 가족의 이야기다. 이처럼 사회적 약자가 된 주인공에게 학교나 이웃이 도울 수 있는 제도는 없을까 고민해보자. 또한 이런 문제가 되풀이되지 않도록 어떤 대책을 세울 수 있는지도 나눠본다.

도덕적으로 부딪치는 상황에서 어떤 결정이 옳은 것일까? 주인공 Georgina가 결국 후회했지만 다시 행동을 고쳤던 것처럼, 어떤 장치들이 우리를 바른 결정으로 이끌 수 있는지 고심해본다.

How can a society help homeless people?

사회에서 노숙자를 어떻게 도울 수 있는가?

What can you do in a moral dilemma?

도덕적 딜레마에서 당신은 무엇을 할 수 있는가?

『Tuck Everlasting』은 우연히 마신 샘물로 인해 평생을 늙

지도 죽지도 않은 가족을 만난 소녀의 이야기다. 불멸하는 가족 구성원 각자의 사정을 이야기를 통해 알아봤다. 이를 고려해봤을 때 불멸은 어떤 것인지 스스로 정의해보자.

Winnie의 결정은 실수였을까, 의도된 것이었을까? 만약 의도된 것이었다면 어떤 점 때문에 그런 결정을 내렸는지 상상해본다.

Is immortality a curse or a blessing?
불멸은 저주인가, 축복인가?

Why did Winnie not drink the water?
왜 Winnie는 물을 마시지 않았을까?

『Hello, Universe』는 성격도, 고민도 다른 4명의 주인공이 각기 다른 이유로 숲에 모이게 되면서 운명적으로 서로를 돕고 자신의 문제를 해결해가는 성장 이야기다. 우리는 등장인물들의 꿈을 통해 자신의 감정을 들여다보기도 하고 미래를 생각하기도 한다. 현실에서 우리는 꿈에 대해 어떻게 생각하는가? 자신의 의견을 설득력 있게 말해볼 수 있게 한다. 가족에게조차 하고 싶은 말을 못했던 주인공이 자신의 목소리를 낼 수 있게 된 이유는 무엇인가? 어떤 상황들이 진짜 자신의 모습을 깨닫게 하는지에 대해서도 이야기해보자.

Do dreams matter? Why or why not?

꿈은 중요한가? 왜 그런가? 혹은 왜 그렇지 않은가?

How can you change your fate in a better way?

어떻게 하면 내 운명을 더 나은 방향으로 바꿀 수 있을까?

챕터북 후반기와 노블 단계의 질문은 챕터북 초·중기의 질문과 결이 많이 다르다. 자신에서 타인으로, 타인에서 전체로 생각의 범위도 확대될 뿐만 아니라 삶의 방향과 가치관에 대해서도 고민하게 한다. 질문에 답을 찾아가며 아이가 자신의 인생을 빚어갈 수 있도록 이끌 수 있다.

비문학 책 읽고
질문하기

챕터북, 노블 외에도 고학년이 읽기 좋은 〈Who, Where, What 시리즈〉는 세계적인 위인, 건축, 현상, 문화, 역사 등에 대해서 자세하게 배울 수 있는 시리즈이다. 비문학 책은 배경지식을 확장하는 데 큰 역할을 한다. 그러나 사실 기반으로 쓰여 있어서 정보성 글을 익혀야 한다는 부담이 있고, 어휘도 이야기책과는 다르다. 그러다 보니 아이들이 선뜻 도전하지 않는 단점이 있다. 그렇다면 어떤 식으로 비문학 책 읽기를 유도할 수 있을까?

첫째, 본격적으로 책 읽기 전 책의 주제에 대해서 미리 아이와 이야기한다. 혹은 한 번이라도 들어봤던 내용, 아니면 아이가 관심 있을 책부터 시도한다.

예를 들어, 〈Where 시리즈〉는 고대 이집트부터 현대 건축물까지 다양하게 나와 있다. 전체적인 역사 흐름을 공부하고 싶다면 고대 건축물인 Stonehenge부터 읽는 것이 맞으나 그 당시 배경지식이 없는 아이에게는 이해하기 어려울 수 있다. 반면에 『Where is the Eiffel Tower?』나 『Where is the Niagara Falls?』는 많이 들어보기도 했고, 내용도 흥미로운 이야기들이 많이 담겨 있다. 비문학은 아이가 거부감이 없이 재밌게 받아들일 수 있는 주제부터 시작한다.

둘째, 너무 어렵지 않은 책을 고른다.

노블은 다음 단계로 넘어갈 때 자신의 수준보다 어려운 책도 읽어보면서 적응 기간을 가질 수 있다. 어려운 단어나 표현도 이야기의 전개와 문맥에 따라 유추할 수 있기 때문이다. 그러나 비문학은 사실, 정보 전달의 글이 대부분이기 때문에 용어를 알지 못하면 아예 이해하지 못하는 경우도 생긴다. 그렇기 때문에 어휘 공부가 충분히 되어 있고, 책 읽는 훈련이 된 상태에서 비문학 책 읽기를 시작하는 것이 좋다.

셋째, 다양한 매체를 활용한다.

비문학 책은 실제로 존재하는 것들을 이야기하니 사진이나 영상을 찾을 수 있다. 그래서 책을 읽고 나서 관련 주제에 관하여 책에 나와 있지 않은 다른 내용은 없는지 찾아보는 것도 도움이 된다. 수동적인 책 읽기가 아니라 적극적으로 정보를 확장해가는 책 읽기를 할 때 탄탄한 배경지식으로 쌓이게 될 것이다.

그렇다면 비문학 책을 읽고는 어떤 질문을 하면 좋을까? 비문학 책도 챕터북과 마찬가지로 내용 질문과 생각 질문을 할 수 있다. 생각 질문은 나이대, 수준별로 챕터북과 동일한 특징을 갖고 질문하면 된다. 다만 생각 질문 전, 내용 질문을 할 때는 방식이 조금 다르다.

비문학 책의 내용 질문은 먼저 어떤 문제가 있었고, 그것이 어떻게 해결되었는지 묻는다. 이를 통해 전체적인 맥락을 잡아나간다. 그러고 나서 중요한 주제에 따라 5W1H^{Where, When, Who, What, How, Why}를 순서대로 짚어본다. 불필요한 내용은 빼고 중심 내용의 살만 붙이는 연습을 하는 것이다. 끝으로는 인물이나 사건에 대한 글을 읽고 배우거나 느낀 점에 대해 나눠본다.

활용해보자면 이런 식으로 말할 수 있다. 『Who was Helen Keller?』에서는 청각장애인이자 시각장애인인 그녀가 어떻게 장애를 받아들이고 학업을 마칠 수 있었는지, 나아가 장애를 뛰어넘어 어떻게 여러 도전을 했는지에 대해 나와 있다. 특히 Sullivan 선생님의 도움으로 그 당시 여성에게 쉽지 않았던 대학 과정까지 마친다. 그녀의 이야기를 통해 배울 수 있는 건 끈기와 노력만이 아니다. Helen Keller는 장애인에 대한 잘못된 인식이 팽배했던 당시 장애인 인권과 권리에 대한 사람들의 생각도 변화시켰다.

이런 식으로 비문학 책을 읽고 나서는 책의 주제나 이슈를 현재의 상황과 연결 지어서 어떤 영향을 주었는지 살펴보거나, 혹은 어떠한 현상에 대해서 근본적인 이유를 질문해볼 수도 있다.

What attitude did Anne Sullivan show towards Helen to teach her as a teacher?
Helen을 가르칠 때 Anne은 선생님으로서 어떤 태도를 보였는가?

What is an example of disability discrimination?
장애인 차별의 예로 무엇이 있는가?

Why do people with disabilities get treated differently?
왜 장애를 가진 사람들은 다르게 대우받을까?

지금까지 단계별로 물을 수 있는 질문에 대해서 알아봤다. 질문은 아이가 미처 보지 못했던 부분을 볼 수 있게 유도하고, 깊게 잠재되어 있던 생각을 꺼내는 과정이다. 따라서 독서를 통해 질문을 주고받으며 자신의 생각을 만들고 논리를 펼쳐가는 질문하는 영어 독서는 아이들의 성장에 무척 중요하다.

이때 옳고 그른 답이 중요한 것이 아니다. 부모는 아이가 자신의 이야기를 할 때까지 묵묵히 기다려주고 호응해주자. 때로는 부모의 생각도 이야기하면서 서로 견해를 나누는 시간을 갖자. 이런 훈련이 반복된다면 아이는 토론의 기틀을 얻게 될 것이다.

질문이 부담스러울 땐
이걸 기억하자

이상 단계별로 질문하는 영어 독서에 대해 살펴보았다. 질문의 중요성을 충분히 인식하고 실천하기로 마음은 먹었지만 부모 입장에서는 쉽지 않은 일이다. 질문은 자녀와의 상호작용이기 때문에 물리적인 시간을 할애하는 데 한계 또한 있을 것이다. 하지만 걱정하지 말자. 몇 가지 방법을 기억하면 가정에서도 충분히 질문하는 영어 독서를 실천할 수 있다.

첫째, 모든 책을 다 질문할 필요는 없다.

아이들이 리더스나 챕터북 시리즈를 읽고 있다면 비슷한 레벨의 책을 최소 10~20권은 읽게 된다. 그때마다 모든 책에 대해 질문하고 확인하려면 서로 힘이 든다. 부모도 책 내용을 다 알아야 한다는 부담이 생기고, 아이도 독서를 즐기기보다 질문에 대비해야 한다는 마음에 학습처럼 느낄 수 있다. 그러니 비슷한 레벨 혹은 한 시리즈를 읽고 있다면 그중 한 권만 선정해서 질문하는 시간을 갖도록 한다. 대표적인 한 권을 통해 아이가 영어책을 소화하는 데 무리는 없는지, 작가의 의도나 책 내용을 잘 받아들이고 있는지, 책의 주제에 대해 이해하는지 정도 확인하는 것이다. 이를 통해서도 아이가 책을 겉핥기로 보고 있는지, 아니면 적극적으로 생각하면서 읽고 있는지 충분히 알 수 있을 뿐만 아니라 다음번에 읽을 책의 레벨도 조정할 수 있다.

둘째, 꼭 영어를 사용해서 물을 필요는 없다.

부모 세대는 영어를 열심히 배웠지만 정작 써야 하는 상황이 되면 입 밖으로 내뱉는 것을 두려워하는 편이다. 그래서 자녀의 영어 교육에 있어서도 부모가 직접 지도하는 것보다 사교육을 선호하는 것일 수도 있다. 그런데 외국어 학습은 아이의 속도와 레벨에 맞춰 노출해줄 때 가장 효과가 좋다. 아이를 누구보다 잘 아는 것은 바로 부모이니 최고의 교사라 할 수 있다. 독서 후 질문할 때는 꼭 영어를 쓸 필요는 없다. 질문하는 영어 독서의 최종 목적은 책 내용을 깊이 이해해 생각의 크기를 키우는 데 있다. 이것은 생각의 영역이며, 언어와는 별개임을 기억하자.

셋째, 일주일에 하루 시간을 정해놓고 진행한다.

학교 숙제에 학원까지 소화하는 아이라면 주중에 시간을 내는 것이 쉽지 않다. 지필평가나 수행평가라도 있는 주간이면 더욱 그렇다. 또 맞벌이가정에서는 부모와 자녀가 온전히 시간을 함께할 수 있는 날은 주말뿐이다.

매일 하지 않아도 효율을 낼 수 있는 것이 바로 질문하는 영어 독서이다. 생각의 크기는 한순간에 커지지 않는다. 아이들이 잘 먹고 잘 자면 어느 순간 키가 쑥 크는 것처럼 평소에 독서를 꾸준히 하고 일주일에 한 번 정도 질문을 통해 폭넓게 사고하는 훈련을 해나가다 보면 어느새 생각의 크기도 자라 있다. 중요한 것은 꾸준히 하는 힘이다. 방해받지 않는 시간, 특히 아이의 생각이 총명한 주말 오전 등 시간을 정해놓고 질문하는 영어 독서를 이어나가면 일주일에 한 번도 충분하다.

넷째, 많이 물을 필요 없다.

많은 질문으로 세세하게 묻다 보면 오히려 깊은 생각을 하지 못하고 책에 나온 그대로 말하기에 급급해질 수 있다. 리더스라면 2~3개 정도도 충분하다. 챕터북의 경우 아이가 줄거리를 말할 수 있다면 생각 질문은 4~5개도 많은 편이다. 질문 하나로도 책 한 권을 관통할 수 있다. 양보다 질이 우선이다. 좋은 질문은 단번에 대답이 나오지 않는다. 질문을 듣고 아이가 당황할 수도 있고,

생각하느라 시간을 더 달라고 하면 오히려 좋은 신호이다. 이때 아이는 진지하게 생각하고 있는 것이다. 만약 질문이 없다면 반대로 아이에게 묻게 하자. 아이의 질문에 부모가 대답하면 된다. 중요한 것은 적극적인 대화를 통해 부모와 자녀가 서로에 대해 알아가는 시간을 갖는 것이다.

다섯째, 완벽한 질문은 없다.

우리는 생각보다 질문을 하고 살지 않는다. 그러다 보니 질문 자체가 낯설 수 있다. 그럴 때는 뭐든 질문해볼 것을 권한다. 꼭 책 내용이 아니더라도 일상생활에서 마주하는 것에 대한 질문부터 시작해보자. 질문은 할수록 는다.

부모가 시간을 내어 원서에 대해 알아볼 수 없는 환경인 경우 필자가 운영하는 블로그(http://blog.naver.com/canyouask)에 들어오면 원서 리뷰를 확인할 수 있다. 리뷰에는 간략한 줄거리와 레벨, 읽으면 도움이 되는 부분과 질문 몇 가지도 소개하고 있다. 아이가 읽고 있는 원서가 있다면 검색하여 질문을 활용해봐도 좋을 것이다.

마지막으로 그럼에도 어쩔 수 없이 사교육에 의지해야 하는 상황일 경우 이건 꼭 짚고 넘어가도록 하자. 영어 학원에서 원서 읽기 수업이 있다면 아이가 학원 문제를 풀기 위해 책을 요령으로만 보는지, 정말 읽고 이해했는지 질문을 통해 확인하자. 학원 교재의 문제를 풀기 위해 답이 나온 부분만 책에서 찾아 숙제를 하는 경우를 많이 보았다. 그렇게 요령만 키우게 되면 점차 독서의 방향과 멀어지며, 전반적인 영어 실력 향상에도 도움이 되지 않는다.

반면 학원에서 원서 읽기 수업을 따로 진행하는 것이 아니라면 한 달에 챕터북 1~2권 정도는 읽게 한다. 물론 많이 읽을수록 좋은 것은 사실이지만 학원과 병행하면서 처음부터 하루에 한 권 혹은 일주일에 한 권이라는 목표를 세우면 부담스러워 나중에는 아예 영어책 읽기를 포기하는 경우가 생긴다. 누가 몇 권을 읽는다는 이야기에 흔들리지 말고 부모와 자녀가 즐겁게 할 수 있는 선에서 꾸준히 한다면 영어 독서의 효과는 분명 나타날 것이다.

5장

단계별 영어 글쓰기

왜 글로
써야 할까

　책을 통해 다양한 생각을 만나보고, 질문을 통해 내 생각도 표현해봤다면 이제는 써볼 차례이다. 글로 써봐야 하는 이유는 간단하다. 내 생각을 글로 마주할 때 생각을 객관화할 수 있기 때문이다. 말로 뱉은 것은 휘발해버리지만 글로 쓰면 남는다. 그래서 질문을 통해 주고받았던 것도 다시 글을 쓰면서 생각을 정리할 수 있고 수정할 수 있다.

　하지만 영어 글쓰기를 남발해서는 안 된다. 영어 글쓰기는 아이가 자신의 생각을 능동적으로 다양하게 쓰는 능력을 기르기 위함인데, 아직 생각 근육이 없다면 쓰는 것 자체가 고역이 될 수 있다. 흔히 학원을 다니면 영어 글쓰기 실력을 확 키울 수 있지 않을까 생각하는 학부모가 많은데 오히려 반대이다. 학원에서는 주제별로 글쓰기를 하나 문법적인 첨삭만 해줄 뿐 틀린 것을 복습하고 써먹을 수 있도록 다시 공부하는 것은 오롯이 아이의 몫이다. 틀린 글을 다시 써보게는 하나 그것만으로는 글쓰기 실력을 올리기에 부족하다. 쓰는 양 자체가 현저히 적기 때문이다. 우선순위가 되어야 하는 것은 쓰는 것이 아닌 읽고 생각하고 경험하는 것이다. 직·간접적인 경험부터 하고 영어 글쓰기를 시작해도 전혀 늦지 않는다.

영어 글쓰기는 생각하는 훈련보다 더 쉽다. 아이디어가 많으면 쓰는 것은 쉬워진다. 자신의 아이디어에 영어 형식만 더하면 누구나 쓸 수 있기 때문이다. 반대로 쓸 말이 없고, 생각이 없으면 영어 실력을 갖추었더라도 글쓰기는 나아지지 않는다. 그래서 영어 글쓰기 시작 전에 아이가 책과 다양한 대화를 해볼 수 있도록 이끌어주어야 한다.

영어 글쓰기에 대한 2가지 오해가 있다. '어렵다'와 '잘 늘지 않는다'이다. 아이들과 학부모가 영어 글쓰기가 어렵다고 느끼는 이유는 대략 다음과 같다.

1. 표현력의 한계
2. 생각하는 힘이 부족

3. 연습 부족

표현력의 한계는 내가 표현하고 싶은 것이 있더라도 같은 말만 반복해서 쓰게 되는 경우로 어휘력이 부족해서다. 영어 실력이 뒷받침되지 않기 때문에 생긴 문제로 어휘 공부뿐만 아니라 영어로 쓴 좋은 글을 많이 접하면서 충분히 나아질 수 있다.

다음으로 많은 아이들이 생각하는 힘이 부족해서 글쓰기를 어려워한다. '좋아하는 음식에 대해 써보자'고 했는데 '피자, 맛있어서'라고 쓰는 맥락이다. 좋아하는 음식이 피자라면 어떤 맛 때문에 맛있게 느껴지는지, 주로 언제 먹기에 좋은지, 어떻게 먹는지, 어떤 종류가 있는지 등 끊임없이 질문하면서 생각에 꼬리를 물어야 한다. 그렇지 않고 단순히 '맛있어서'라고 말해버리면 생각은 거기서 단절된다. 생각하는 연습이 필요한 부분인데 최근 들어 스스로 생각하는 것을 어려워하는 아이들이 늘고 있다.

어떻게 표현하는지도 알고, 이유도 다양하게 있다면 이제는 써봐야 한다. 종이에 한 글자씩 옮겨봐야 진짜 내 것이 된다. 엄마표 영어를 시작한 학부모에게 영어 글쓰기 훈련은 가장 부담스러운 부분이다. 무엇을 쓰고, 어떻게 봐줘야 하는지 나와 있는 정보도 적기 때문이다. 영어책 읽기에 대한 정보나 추천 도서 목록은 시중에 잘 나와 있지만 영어 글쓰기 교재는 주로 문법 위주일 뿐 체계적이거나 구체적이지 않다. 그래서 엄마표 영어를 하는 분들도 영어 글쓰기만큼은 잘 시도하지 않게 되는 것이다.

가장 큰 어려움은 영어 글쓰기가 잘 늘지 않는다고 생각한다. 이유는 문제점 파악이 안 되기 때문이다. 글쓰기가 안 느는 것이 글쓰기 구조를 못 익혀서인지, 논리성이 부족한 것인지, 영어가 부족한 것인지 먼저 파악해야 한다. 그러고 난 후에 영어 글쓰기도 책 읽기처럼 단계별로 연습하면 충분히, 그리고 눈에 띄게 향상시킬 수 있다. 대신 책 읽기처럼 매일 쓸 필요는 없다. 일주일에 한 편, 혹은 2주일에 한 편씩이라도 좋다.

영어 글쓰기는 개선될 수 있는 요인이 아주 많다. 아이가 영어적으로, 정서적으로, 사고적으로 계속해서 성장하는 만큼 글쓰기에서도 나아지는 모습이 보일 것이다. 조바심을 내지 않고 한 편씩 쓰다 보면 어느샌가 한 줄 쓰던 글이 한 문단이 되고, 한 문단이 한 편의 에세이가 되는 모습을 발견할 수 있다.

그럼 영어 글쓰기가 단계별로 어떤 특징을 보이고, 어떻게 쓸 수 있도록 유도해야 하는지 살펴보자. 먼저 영어 글쓰기를 총 네 구간으로 레벨에 따라 나눴다. Grade 1 후반대~Grade 2 초반대, Grade 2 중반대~후반대, Grade 3, Grade 4 이상 수준이다.

Grade 1 후반대라 하면 하고 싶은 말을 해볼 수 있는 정도이다. 만약 아이 실력이 아직 Grade 1 후반대까지 미치지 못한다면 기본 문형에 대한 연습이 필요하다. 이때는 리더스 책을 다양하게 읽으면서 여러 문장을 '필사'하는 것을 권한다. 리더스 1, 2단계 책은 대부분 문형이 간단하다. 'I am happy.' 'He is sad.' 등의 짧은 문장부터 'Pete loves crunchy crackers.' 'Pete knows what he can do.' 등 필사를 통해 자연스러운 문장을 체득할 수 있다.

문장을 필사하면서 따로 문법 수업 없이도 문장이 어떤 식으로 구성되는지 배워가는 것이다. 기본적으로 말하는 대상인 '주어'가 필요하고, 그다음에 대상의 동작을 보여주는 '동사'가 필요하다는 것을 이론적인 설명 없이도 익힐 수 있다. 마치 수영을 배우기 위해서는 직접 물속에 들어가서 발차기를 해보고 팔을 저어보면서 습득하는 것과 같은 논리다. 수영하는 원리를 책이나 영상으로 아무리 많이 봐도 내가 직접 하는 것과는 다르다. 영어 글쓰기의 첫 단추도 다르지 않다.

리더스
글쓰기

    Grade 1 후반에서 Grade 2 초반 수준, 즉 미국 1-2학년 수준의 영어를 하는 아이는 영어 글쓰기를 하자고 하면 겁부터 먹는다. 말도 하고 글을 읽을 순 있으나 막상 글로 쓰려고 하면 어순부터 헷갈려 한다. 아직 써야 할 말을 모른다. 이때는 5문단 에세이를 다 쓰려고 하기보다 '한 문단' 쓰기부터 시작한다. 영어 글쓰기는 다음과 같이 진행된다.

    한 문장 쓰기 → 한 문단 쓰기 → 세 문단 쓰기 → 다섯 문단 쓰기essay

Grade 1 후반대에서 Grade 2 초반 수준의 아이는 이제 막 문장을 쓰기 시작했다. 제일 많이 쓰는 단어가 'I like~' 혹은 'I want~ because~' 이런 식이다. 혹은 'When I went camping, it was fun.' 정도로 문장도, 생각도 단순할 때이다. 어떤 주제가 주어지면 아직 뭘 써야 할지 모르는 저학년 아이들이 이 레벨에 많이 분포되어 있다. 이때는 학부모가 질문하고 아이가 대답하는 그대로를 글로 쓰게 한다. 어떤 것을 했고 그때 기분은 어땠는지, 뭐가 좋았는지 등을 묻는다. 경험이나 학습적으로 인지할 수 있는 것이 적은 시기에는 학부모가 도움을 준다. 그래서 글쓰기 주제도 Favorite(내가 좋아하는 것) 시리즈로 진행해볼 것을 권한다. 좋아하는 장난감, 계절, 동물, 친구, 여행, 방학, 가족, 음식, 활동 등 다양한 주제 중에서도 가장 좋아하는 것을 택하게 하는 것이다.

좋아하는 동물에 대해 쓴다고 가정해보면 그냥 '좋아서', '귀여워서'라고 대부분 답한다. 이유가 단순하다. 그래도 괜찮다. 이유를 세분화하는 것 자체가 어려운 시기다. 이때는 먼저 주제에 대해 브레인스토밍을 한다. 주제에 대해서 떠오르는 어떤 생각도 좋다. 다 말해보고 쓰게 한다. 5가지 감각을 활용하는 것도 좋은 방법이다. 색깔, 모양, 냄새, 크기, 질감, 경험 등 연관어에 대해 다양하게 생각해본다. 그다음 간단하게라도 좋아하는 이유를 적는다.

만약 주제와 관련된 개인적인 에피소드가 있다면 쓰게 한다. 훌륭한 글감이 될 수 있다.

'나는 강아지를 좋아한다. 친구네 집에 놀러 가서 봤는데 귀여웠다. 간식도 주고 같이 놀았다.' 이렇게 써도 '나는 강아지가 귀여워서 좋다.'보다 3문장이나 추가되었다. 자신의 경험이 들어가니 읽는 사람도 그 장면을 상상할 수 있고 글에 생동감이 실린다. 만약 동물을 직접 본 적이 없다면 영상이나 책에서 보았던 것에 대해서 써도 좋다.

가장 좋아하는 여행지에 대해 쓴다면 여행 중 있었던 해프닝을 써볼 수 있다. '가족과 제주도 여행을 갔는데 재밌었다.'가 아니라 '제주도에 가서 해변에서 놀았다. 수영을 하다 파도 때문에 짠 물을 많이 먹었다. 그래도 너무 즐거웠다.' 이렇게 자신의 생생한 경험담만 넣어도 글의 분위기가 바뀔 수 있다. 영어 글쓰기는 한글 글쓰기와 별반 다르지 않다. 내가 쓰고 싶은 말을 얼마나 잘 표현하느냐는 같은 맥락이다.

단 이 단계의 글쓰기에서는 논리적인 글을 기대하지는 않도록 한다. 문맥이 맞지 않더라도 격려해주고 자유롭게 쓸 수 있게 한다. 문법적 오류가 많다고 해서 틀렸다고 나무라지 않는다. 눈에 띄는 영어적 오류, 대소문자 구분과 철자 정도만 고쳐주고 바로 아래 고친 문장을 다시 쓰게 한다. 이 단계는 영어 글쓰기를 해보는 것에 의미를 두는 정도이다. 몇 주가 지나면 3~4문장에서 한 문장을 더 써보고, 다음에는 한 문장을 더 쓰게 유도해서 7~8 문장까지 써볼 수 있도록 한다. 자유롭게 쓰면서 글의 양을 늘려 가는 것이 핵심이다. 그래야 다음 단계에서 본격적으로 에세이를 쓸 때 거부감이 적다.

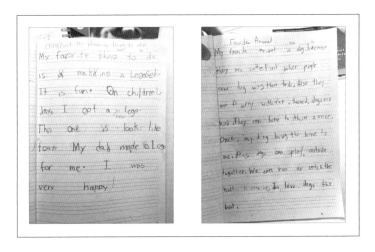

| 5월 글과 12월 글 차이 |

이 단계에서 해볼 글쓰기 연습이 한 가지 더 있다. Favorite 시리즈 이외에도 리더스 책을 읽고 워크시트를 활용해 독후 활동으로 한두 문장씩 이야기에 대해 써보는 것이다. 글감이 이미 책에 있기 때문에 생각만 정리한다면 워크시트에 글 쓰는 것은 어렵지 않다. 독후 활동으로는 이야기의 전개, 나의 느낌, 등장인물과 나 비교하기 등이 있다. 이렇게 책과 연계해서 글을 써보면 책

내용이 더 오래 남고, 아이도 글을 쓰는 데 부담이 적다. 특히 저학년은 글의 전체를 보기보다 하나 하나의 세부적인 요소에 몰입하는 경향이 있는데 독후 활동을 통해서 글의 전체적인 맥락을 훑어보고 생각을 정리하는 연습이 될 수 있다.

| 워크시트를 활용한 독후 활동 |

챕터북
입문기·중기 글쓰기

Grade 2 중후반 수준의 책을 읽는 아이는 이제 형식에 맞춰 쓰는 연습을 시작한다. 한 문단 쓰기에서 앞뒤 문단을 붙여 3문단 형식으로 나아간다. 본래 썼던 내용이 들어간 문단이 '본론'이 되고 글의 처음을 열어주는 '서론'과 끝맺는 '결론'을 붙이면 된다. 영어로는 맨 앞에 붙는 서론을 introduction으로 쓰고, 본론을 body, 결론은 conclusion이라고 한다.

글은 한 문단 쓰기를 할 때와 비슷한 주제로 써본다. 하지만 한 문단 쓸 때는 에피소드 위주로 자신의 경험을 썼다면 이제는 내가 좋아하는 것 혹은 싫어하는 것에 대한 취향을 구체적인 이유와 함께 드러낸다. 한 문단은 5~6문장 정도로 구성한다.

이때가 아이의 재밌고 독특한 아이디어가 눈에 띄는 시기다. 평소 아이가 이런 생각을 했구나 알 수 있을 만큼 개성이 묻어나는 글쓰기가 보인다. 문단을 나누는 큰 틀만 있을 뿐 '어떻게' 써야 한다는 압박이 적어 표현이 자유로운 것 같다. 그렇다면 3문단 형식 글쓰기를 본격적으로 시작해보자.

서론

아이들은 글의 첫 문장을 쓰는 데 굉장히 고민한다. 첫 문장은 글의 첫인상을 결정하기 때문이다. 이 문장을 'hook'이라고 한다. 낚싯대의 바늘 고리 부분, 물고기가 걸리는 부분을 hook이라 부르고, 대중음악에서 후렴구에 위치해서 사람들 머릿속에 계속 맴도는 멜로디 구간도 hook이라고 부른다. 이처럼 hook 문장은 글을 읽는 사람의 관심을 끄는 것을 말한다. 내가 좋아하는 책에 대해 쓰는 글이라면 책의 재밌는 줄거리 한 부분, 강렬한 대사한 소절, 혹은 책에 대한 흥미로운 사실을 인용해서 글의 시작을 알리는 것이다.

예를 들어, 좋아하는 책이 〈해리 포터 시리즈〉이고 이에 대해 쓴다고 가정해보자. 첫 문장을 '윙가르디움 레비오우사!'로 해리 포터를 아는 사람이라면 모를 수 없는 마법 주문으로 시작할 수도 있다. 혹은 질문으로 시작해도 좋다. '세계에서 가장 많이 팔린 소설 시리즈는 무엇일까?' 하고 말이다. 그다음은 hook 문장에 대해 설명하는 문장을 쓴 후 오늘의 주제 '내가 가장 좋아하는 책은 〈해리 포터 시리즈〉이다.'라고 주제 문장thesis statement으로 완성한다. 이렇게 간단하게 서론을 끝낼 수 있다.

본론

본론에는 주제문 '내가 가장 좋아하는 책은 〈해리 포터 시리즈〉이다.'를 뒷받침해줄 내용을 세세하게 써나가는 작업을 한다. 좋은 이유 1~2가지와 함께 그에 맞는 타당한 근거를 제시하고 설명하는 것인데 감정이나 느낌보다는 분석으로 시작한다.

다시 〈해리 포터 시리즈〉 예시로 돌아가서 생각해보자. '내가 〈해리 포터 시리즈〉를 좋아하는 이유 중 하나는 생각지 못한 마법의 세계를 구체적으로 상상할 수 있기 때문이다.'라고 한다면 책에서 설명하는 마법의 세계에는 어떤 규칙이 있고, 호그와트라는 학교에서 무엇을 배우는지, 옷이나 음식은 어떻게 다르고, 또 어떻게 불리는지 우리가 사는 세상과 비교도 해볼 수 있다. 또 하나의 이유로 '등장인물이 매력적이다.'라고 쓴다면 우리가 아는 해리, 론, 헤르미온느의 성격도 말해보고, 소설이 진행됨에 따라 이 인물들이 어떻게 성장하는지도 설명한다.

이처럼 본론은 화려하거나 어려운 영어를 쓰기보다는 주제에 대한 나의 생각을 구체적인 이유를 들어 설명하는 데 집중한다. 이런 식으로 글을 써나가다 보면 아이의 논리성도 조금씩 키워갈 수 있다.

결론

결론은 앞의 주제문을 다시 한번 써주면서 그 이유를 짧게 한 줄에서 두 줄로 요약해준다. 그리고 마지막 문장으로 글을 정리하면서 끝을 맺는다. 서론과 겹치는 부분이 많은데 썼던 문장을 그대로 베끼기보다 다른 표현으로 써보면 좋다.

'내가 가장 좋아하는 책은 〈해리 포터 시리즈〉이다.'라고 서론에 썼다면 결론은 '읽었던 책 중에서 한 권만 고르라고 하면 나는 〈해리 포터 시리즈〉를 고르겠다.'는 식으로 다른 표현을 써도 맥락상 의미는 같다.

마지막 문장은 자신의 감정이나 바람, 혹은 읽는 이를 위한 권유 정도로 마친다. '〈해리 포터 시리즈〉는 앞으로도 레전드로 남을 것이다.' '그 세계에 한 번쯤 여행 가고 싶다.' '너무 좋은 시리즈이니 한 번씩 꼭 읽어봤으면 좋겠다.' 이렇게 말이다.

3문단을 쓰는 이 시기는 글의 형식에 대한 이해가 생기기 시작하는 시점이다. 그러나 무작정 외우기보다는 형식에 대해 설명해주고 여러 번 맞춰 써보면서 자연스럽게 익혀나가게 한다. 형식을 배우되 형식에 너무 얽매이지 않고 그 안에서 자유롭게 쓸 수 있게 한다.

형식은 앞에서 설명한 것처럼 내가 하고자 하는 말, 이유, 설명, 결론 순으로 쓴다. 형식에만 맞춰 써도 4문장이 완성된다. 거기에 살을 붙이면 본론 문단에 5~6문장은 순조롭게 쓸 수 있다. 한 문단을 쓸 때는 10분 정도가 좋다. 어휘나 표현이 단조롭고 직설적이어도 괜찮다. 분량을 늘리는 데 집중한다.

에세이
쓰기

    Grade 3 수준의 아이부터는 본격적으로 에세이 쓰기를 시작해보자. 한 문단 쓰기에서 서론-본론-결론으로 이루어진 3문단 쓰기, 이제는 5문단5-paragraph essay 쓰기다.

    서론, 결론은 앞의 글쓰기와 크게 달라지는 것은 없다. 대신 본론이 한 문단에서 3문단으로 늘어난다. 이전에는 한 문단에 여러 가지 이유를 썼다면 이제는 각각의 이유를 자기주장thesis-설명explanation-예시example-결론conluding sentence에 맞춰서 한 문단씩 쓰게 한다. 각 문단마다 5~6줄 정도로 구성하고, 그동안 배워왔던 단어들을 쓰게 하자.

    이때부터 글쓰기가 전문화되어 가는 academic writing이라고 할 수 있다. 안타깝게도 많은 아이들이 이 단계를 넘지 못하고 머물러 있는 구간이기도 하다.

서론

서론은 3문단 쓰기와 마찬가지로 hook 문장과 함께 연결하는 문장bridge sentence를 쓰고 자신의 주장thesis과 함께 본론 문단에서 쓸 각각의 이유도 한 줄씩 쓴다.

introduction : hook + bridge sentence + thesis statement + 3 reasons

본론

본론은 body paragraph one, two, three로 이루어진다. 각 문단에는 topic sentence라고 해서 주제문과 그 주장을 뒷받침하는 supporting sentence를 쓰고 마지막 마무리 문장을 쓰면서 마무리한다.

Topic Sentence는 내 주장thesis + 이유 한 가지a reason supporting the thesis statement를 말한다. 그 이유를 뒷받침하고 설명하고 예시를 드는 문장이 바로 supporting sentence이다. 마지막은 concluding sentence로 다시 한번 내 주장을 확고히 하는 것이다.

body : topic sentence + supporting sentences +

soncluding sentence

결론

마지막 문단 결론에서는 다시 한번 자신의 주장을 밝히며 본론 문단 각각의 이유를 한 문장씩 다시 언급한다. 이때 앞에서 썼던 문장 그대로 똑같이 쓰는 것이 아니라 변화를 주려고 노력한

| 다양한 에세이 쓰기 연습 |

다. 그리고 wrap-up statement라고 해서 에세이의 마지막 문장으로 제안이나 조언 등의 의견을 제시하면서 마무리 짓는다.

conclusion : restate the topic + restate the reasons + wrap-up statement

지난 3문단 형식 글쓰기와 비교했을 때보다 5문단 형식 글쓰기는 더 세분화되는 과정이나 구성 요소만 보고는 이해하기 어렵다. 그래서 구성 요소를 비교해보면서 익히는 것을 추천한다.

한 단계 수준 높은
에세이 쓰기

이제 글쓰기 4단계 중 마지막 Grade 4 수준 이상의 글쓰기를 할 차례이다. 앞 단계들을 곱씹어 글쓰기 연습을 꾸준히 해왔다면 이제는 형식을 배우는 것이 아니라 내용과 영어의 질을 높이는 데 초점을 둔다. 쉬운 단계만 계속 연습한다고 무조건 다음 단계 글쓰기로 넘어가는 것은 아니다. 몇 가지 핵심을 기억하고, 이 부분을 어떻게 향상시킬 수 있는지 고민할 때 더 좋은 글쓰기를 할 수 있다.

이제 소개하는 이 방법만 잘 활용해도 다른 글과는 차별화된 한 끗 차이를 만들어낸다. 가장 추천하는 방법은 아예 자주 쓸 표현을 정하고 외워버리는 것이다. 그렇게 해야 습관적으로 썼던 표현을 다시 쓰지 않는다.

다양한 표현 쓰기

영어 글쓰기에서 주의할 점은 영어는 반복된 단어 사용을 싫어한다는 것과 비슷한 패턴의 문장을 싫어한다는 것이다. 예를 들어, 학생이 문장을 쓸 때 '좋아하다'라는 표현으로 like만 썼다면 대체할 수 있는 단어들을 나열해보는 것이다. adore, cherish, value, love, enjoy 등의 단어로도 다양하게 쓸 수 있고, 문장구조를 바꿔보는 것도 도움이 된다.

I like tomatoes.
→Tomatoes are amazing.
→Eating tomatoes boost my mood and make me happy.
→What I enjoy more than any other vegetables is tomatoes.

이런 식으로 토마토에 대한 애정을 다양하게 표현할 수 있다. 중요한 것은 여러 시도를 하면서 표현력을 기르는 것이다. 우리나라 많은 아이들이 There is/are 표현만 습관적으로 쓰는데, 우리말로 직역하면 '있다' 정도로 해석되어 어떤 문장이든 쉽게 시작할 수 있게 만드는 표현이긴 하나 실제 미국에서는 이만큼 남발되는 표현은 아니다. 그보다는 주어에 직접적으로 원하는 표현을 넣어서 적극적으로 생각을 표현하는 것이 효과적이다.

연결어구 쓰기

글과 글 사이 연결이 매끄러울 수 있도록 다양한 연결어구 transition words를 시도해본다. 매번 쓰는 also만 쓰는 것이 아닌 additionally, moreover, furthermore, besides, likewise, along with 등 다양한 표현이 나와 있다. 문맥에 맞춰 쓸 수 있는 연결어구를 골라 반복되지 않게 글을 쓰는 것이 필요하다.

연결어구를 사용하면 글과 글 사이를 더욱 매끄럽게 해줄 수 있다. 한글로 예를 들면 '그러나', '그래서', '그러므로', '또한', '반면', '하지만' 등의 표현이다. 문단의 첫 머리에 쓰고 중간에 반전을 줄 때나 이어서 써나갈 때, 특히 본론 문단에서 두 번째 예시를 쓸 때 참고해서 써보도록 한다.

연결어구는 최대한 겹쳐 쓰지 않는 것이 핵심이다. 각 표현마다 연결어구 2~3개씩은 알아두자. 글을 쓸 때 바꿔가면서 사용해 같은 단어가 반복되는 것은 피하도록 한다.

객관적인 글쓰기 시작하기

에세이를 쓴다는 것은 주관적인 느낌을 쓰는 것이 아닌 객관적인 글짓기를 하는 행위이다. 그래서 이때까지 배운 정보, 책에서 읽은 것, 들은 것 등을 활용해서 글을 써야 한다. 그 전까지는 어떤 것을 좋아하고 그 이유를 주관적인 느낌으로 썼다면, 이제는 '나'가 아닌 '사람들', '일반적으로'라는 대중이 주어로 들어가는 것이다. 그래서 사실과 정보를 토대로 써야 한다. 검색을 활용하는 것도 방법이다. 예를 들어, 'Is CCTV invading privacy?'라는 주제로 글을 쓴다면 실제로 침해가 되었던 사건이나 기사, 통계를 찾아볼 수 있다. 반대로는 CCTV 덕분에 사건을 해결하는 데 도움이 되었던 실제 사례를 찾아볼 수도 있다.

이렇게 자료를 모으고 그것을 토대로 글쓰기를 하면 객관적이고 설득력 높은 글을 완성할 수 있다. 뿐만 아니라 아이가 바라보는 세계도 자신에서 점점 타인, 사회로 넓혀가는 훈련을 할 수 있게 된다. 'I like dogs.'라고 내가 좋아하는 동물에 대해 주관을 담아 썼다면 이제는 'Dogs are man's best friend.'라고 시작해보는 것이다. 이렇듯 'I'로 쓴 문장을 빼는 것부터가 시작이다.

처음에는 어색할 수 있다. 'I' 대신 간혹 'You'를 넣어 문장을 만들기도 하는데 주의하도록 한다. 어색해도 계속해서 시도하는 것이 중요하다.

인용하기

'Dogs are man's friend.'는 사실 관용표현으로 자주 쓰이는 문장이다. 영어 글쓰기의 최상위 단계는 바로 인용구quotes나 속담proverbs, 관용구idiom를 섞는 것이다. 이렇게 되려면 어휘 공부뿐만 아니라 인용구, 좋은 문장을 수집하고 잘 알아둬야 한다. 뿐만 아니라 적재적소에 알맞은 문장을 생각해내서 써야 하기 때문에 쉬운 일은 아니다. 그래도 앞의 3가지 팁과 더불어 마지막 팁까지 활용해본다면 글의 전체적인 레벨이 한 단계 올라가는 것을 느낄 수 있을 것이다.

더 나은 글쓰기

아카데믹 라이팅, 즉 에세이의 질을 한 단계 높이기 위해서는 무엇보다 자신의 논리에 맞춰 타당하게 글을 쓰는 것이 중요하다. 이 수준으로 가는 데는 영어 단어를 많이 알고 형식을 외운다고 되는 것은 아니다. 다양한 분야의 독서와 생각 훈련을 통해서 사고력을 길러놓지 않으면 논리를 만들기 어렵다. 결국에는 독서, 생각하기, 말하기, 글쓰기의 모든 활동이 유기적으로 연결되어 있다. 그래서 독서가 중요하고, 그냥 책을 읽는 것이 아닌 질문으로 독서하며 생각의 크기를 키워가는 것이 필수적이다.

그렇기 때문의 학원 진도에 맞춰 쓰기 급급한 글쓰기는 큰 도움이 되지 않는다. 한 주제에 대해 충분히 배우고, 생각하고, 또 견해를 나눠보며 진짜 자기 것이 되었을 때 설득력 있는 글을 완성할 수 있다. 평소 아이의 생각을 자주 물어봐주자. 학습에만 매몰되기보다는 다양한 주제를 자유롭게 대화해보는 것부터 시작하자.

영어 글쓰기 슬럼프
극복하는 법

문단 쓰기를 하는 과정에서 한 번씩 찾아오는 고비가 있다. 책 읽기와 마찬가지로 한 단계 성장하기 전 겪는 성장통 같은 것이다. 아이가 글쓰기를 거부한다면 굳이 억지로 하지 않는 편이 좋다. 글쓰기 슬럼프를 극복하는 방법은 아무것도 안 하는 것이다. 부모의 마음은 애가 탈 수 있으나 아이가 평생 글쓰기와 담을 쌓지 않게 하는 유일한 방법이다.

책 읽기는 은연중에라도 어디든 손을 뻗으면 닿을 수 있도록 계속해서 노출해달라고 이야기했다. 글쓰기는 다른 영역이다. 책 읽기는 안 보면 정말 안 하게 된다. 그러나 글쓰기는 우리 생활 속에서 계속 하고 있는 활동 중 하나이다. 그러니 너무 조바심을 갖지 말자. 아이에게 시간을 주고 기다려주면 스스로 쓰고 싶어지는 때가 온다. 다양한 책을 읽고 생각을 키워나갈수록 아이의 안에 많은 이야기가 쌓인다. 그것이 차고 넘칠 때는 쓰지 않고는 못 버틴다. 우리가 보통 글을 쓰지 않는 이유는 쓸 말이 없기 때문이다. 아이에게 쓸 말이 많아지면 말이든 글이든 표현할 것인데 그럴 틈을 주지 않고 있다.

상담을 하다 보면 아이가 글쓰기를 할 때 철자나 문법적인 요소를 틀린다고 걱정하는 학부모가 많다. 그것은 숲보다는 나무를 보는 것과 같다. 중요한 것은 아이의 생각이 여무는 과정이다. 그리고 쓸 말이 쌓이도록 숙성하는 시간이 필요하다. 화려한 미사여구, 완벽한 문법에도 글에 담긴 생각이 별로면 글 자체의 격도 떨어진다. 그러니 아이가 고급 어휘를 쓰지 않더라도, 철자나 문법이 자주 틀리더라도 그것을 지적하진 말자. 그럴수록 아이는 오히려 글쓰기를 더 기피할 것이다.

희원이는 글을 쓰는 데 시간이 오래 걸렸다. 에세이 하나 쓰려면 한 달은 꼬박 걸렸다. 그러나 그 시간을 온전히 기다려주었다. 아이가 생각을 정리하고, 어휘를 선택하고 어떻게 배치할까 고민하는 과정을 충분히 이해하기 때문이다. 희원이는 누구보다 글을 잘 쓰고 싶은 마음이 컸다. 비록 결과물이 느리더라도 희원이의 글에는 다른 아이에게서 보지 못하는 참신한 표현이 많았다. 그렇게 글쓰기 훈련을 꾸준히 2년 이상 하고 유명 학원에서 테스트를 보았는데, 라이팅과 리딩 점수가 월등하게 높았다. 라이팅은 거의 만점에 가까웠다는 것이다. 희원이는 오직 꾸준한 책 읽기와 질문하며 생각의 크기를 키워가기, 글쓰기로 한계를 극복했다.

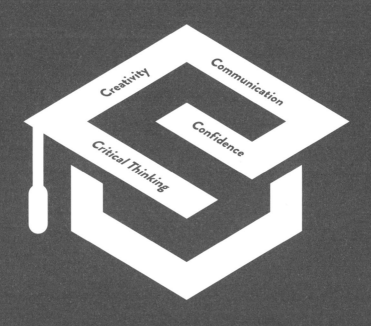

6장

엄마표 영어 고민,
이제 말끔히 해결하자

Q1.
엄마표 영어 잘할 수 있는 비법이 있을까요?

　엄마표로 영어 공부를 시작하게 되면 루틴이 잡힐 때까지는 어려운 점이 많다. 처음에는 학원을 다니지 않기 때문에 시간을 넉넉하게 확보할 수 있고, 집중적으로 우리 아이에게 맞는 영어 공부를 할 수 있을 것 같다. 하지만 집에서 하는 공부이기 때문에 장난감, TV, 유튜브 등의 유혹도 계속 도사리고 있다.

　그래서 엄마표 영어를 잘하기 위해서는 목적에 맞는 커뮤니티에 참여하는 것을 권한다. 대표적인 커뮤니티는 '잠수네'가 있다. 그 안에서 서로 응원하고 격려하며 영어책을 읽어야 하는 목적도 계속 점검받으면서 루틴을 만든다. 매일 공부량 인증도 하고, 아이 영상도 찍으면서 기록도 한다. 이런 장치들이 계속해서 해나갈 원동력이 된다. 정보가 적어서 엄마표를 못하는 것이 아니다. 무수한 정보 속에서 우리 아이에게 맞는 방법을 찾고 지속적으로 해나가는 것이 엄마표 영어 성공의 핵심이다.

Q2.
부모가 영어를 못하는데
아이를 가르칠 수 있을까요?

우리나라 사람들은 평균적으로 영어를 많이 안다. 12년 교육 과정뿐만 아니라 대입 시험, 취업을 위한 영어까지 꾸준히 영어를 공부해왔다. 그런데도 많은 학부모가 자신은 영어를 못한다고 이야기하는데, 그것은 못하는 것이 아니라 자신이 없다는 편이 더 맞을 것이다.

부모가 영어를 못한다고 해도 충분히 자녀를 지도할 수 있다. 부모가 우선적으로 알아야 하는 것은 로드맵, 즉 목표와 방향성이다. 우리 아이에 맞게 계획을 세우고 그대로 따르면 된다. 혼자 짊어져야 한다는 생각에 부담스러울 수 있는데 전혀 그럴 필요 없다. 영어 학습 로드맵에 대한 영상이나 도서도 많이 나와 있으니 참고하여 적절한 시기에 사교육을 활용하면 된다. '엄마표'라고 해서 무조건 부모가 다 해결해야 하는 것은 아니다. 오히려 적재적소에 우리 아이에게 맞는 소스를 현명하게 활용하는 것이 필요하다.

Q3.
영어 교육비가
부담이 됩니다.

영어 공부를 하는 데 비용이 많이 들 것이라는 생각은 오해다. 블로그, 맘카페, 유튜브, 인스타그램을 통해 많은 교육 인플루언서 교사들이 자신의 노하우와 정보를 무료로 나누는 시대가 되었다. 조금만 관심 있게 찾아본다면 양질의 정보를 손쉽게 얻을 수 있는 시대이다. 뿐만 아니라 아이들이 읽을 원서 또한 공구나 도서관을 통해 경제적으로 접할 수 있다. 그중 아이와 알라딘 중고 오프라인 서점에 나가볼 것을 추천한다. 질 좋은 책들이 수만 권 비치되어 있어서 웬만한 추천 도서는 다 발견할 수 있다. 아이도 자신이 읽고 싶은 책을 직접 찾다보면 보다 적극적이고 주체적인 독서 활동으로 이어질 수 있을 것이다. 영어 원서는 꼭 시리즈 전체를 살 필요가 없다. 오히려 낱권으로 구매해 여러 시리즈를 시도해보고 반응이 있는 시리즈를 추후 더 구입하면 된다.

Q4.
부모가 영어 원서를 모르는데
어떤 기준으로 책을 골라야 하나요?

아이의 리딩 레벨을 알지만 어떤 책을 읽혀야 할지 모를 때는 온라인 영어 원서 전문 서점을 찾는다. '동방북스'나 '웬디북' 사이트에 들어가면 베스트셀러부터 새로 나온 원서까지 리뷰와 함께 볼 수 있어서 요즘 어떤 책이 읽히는지 확인이 가능하다. 영어 책 읽기에 대한 관심이 높아지면서 자연스럽게 관련 책도 많이 나왔다. 여기서 전문가들이 추천하는 목록을 참고하는 것도 좋은 방법이다.

마지막으로 필자 또한 '대치동 헤더샘' 블로그와 유튜브에 원서 리뷰를 주기적으로 올리고 있다. 블로그에는 이미 200편이 넘는 책 리뷰를 올려놓았는데, 부모가 책을 고를 때 고려할 수준, 책 내용과 더불어 읽고 나서 아이와 나눌 질문까지 무료로 공유하고 있다.

Q5.
아이가 영어는 좋아하는데
책에 대한 거부감이 있어요.

책에 대한 거부감이 있는 것은 글에 대한 압박감일 수 있다. 글이 적은 책부터 접근하자. 거부감이 있을 때는 혼자 책을 읽게 하지 않는다. 부모가 먼저 한 문단 읽고 그다음 문단을 아이가 읽게 하는 식으로 번갈아가며 읽는다. 그렇게 하면 아이가 책 내용에 몰입할 시간을 줄 수 있다. 이야기에 몰입을 하고 재미를 느껴야 거부감도 점차 줄어든다.

또한 영상에 너무 길들여져 있을 경우 활자에 대한 집중력이 떨어지는 아이들이 있다. 그래서 영상 보는 시간을 줄여나가거나 책 읽는 시간과 영상 보는 시간을 떨어트려서 방해되지 않게 해야 한다.

Q6.
파닉스를
부모가 가르칠 수 있나요?

　물론이다. 한글의 기초 단계인 기역, 니은, 디귿부터 시작해서 단어의 조합을 만들듯 파닉스의 원리도 이와 비슷하다. 그렇기 때문에 부모가 충분히 가르칠 수 있는 부분이고, 주변에서도 많이 봤다.

　파닉스 교재도 시중에 잘 나와 있다. 〈Smart Phonics 시리즈〉가 대중적으로 많이 쓰이지만 난이도에 따라 〈School Phonics 시리즈〉, 〈Phonics Monster 시리즈〉 등 여러 교재를 비교해서 사용할 수 있다. 파닉스 5단계를 하는 동안 한 권씩만 진행하고, 다음 단계로 넘어가기보다 같은 단계라도 여러 교재로 예·복습을 해주면 아이도 덜 지루하고 파닉스 개념도 정확하게 잡힐 수 있다.

　뿐만 아니라 유튜브나 영상 매체로도 파닉스 강의가 많이 올라와 있다. 이를 통해 파닉스 발음은 물론이고, 아이와 부모가 따라가는 데 문제없이 배울 수 있다.

Q7.
워킹맘이라 지도가 어려워요.
책 읽고 꼭 질문을 해야 하나요?

아이가 책을 읽었는지 확인하는 방법은 여러 가지가 있다. 영어도서관이 아니더라도 온라인에서 책마다 AR퀴즈를 풀 수 있는 이용권을 구매할 수 있다. 뿐만 아니라 독서록을 쓰는 것도 방법이다. 그러나 확인을 넘어 제대로 읽고 생각을 확장시키기 위해서는 질문보다 좋은 수단이 없다.

질문은 매번 할 필요는 없다. 만약 하루 1권씩, 일주일에 5~6권을 읽었다면 그중에 1권만 놓고 같이 대화하고 질문하면 된다. 일주일에 1권씩 읽었다면 한 달에 1권 정도만 해도 된다. 중요한 것은 이 과정을 경험하는 것이다. 그냥 읽어지는 대로 넘어가는 것이 아니라 스스로 고민해보고, 자신이라면 어떻게 다르게 했을지, 혹은 어떤 부분이 중요한지 곱씹어보는 것이다. 생각 스위치를 켜주는 것이 질문하고 대화하는 과정이다.

Q8.
책 읽기를 위해
단어 공부 따로 해야 하나요?

영어 단어 공부는 책 읽기에서 꼭 동반되어야 한다. 다만 책 읽기와 단어 공부의 비중을 조절하고 구분해서 학습을 이어나가면 효과적이다. 파닉스 이후에는 기초 영어 단어를 익히는 것이 필요하다. 기본적인 단어를 알아야 리더스, 챕터북 초기까지 내용을 이해할 수 있기 때문이다. 이때는 책 읽기와 단어 공부를 5 대 5 정도 비중을 두고, 원서에 나온 단어를 바로 공부하기보다 기본 단어를 모아둔 교재를 추천한다. 단계별로 배울 수 있는 교재로는 〈4000 Essential English Words 시리즈〉와 〈Reading for Vocabulary 시리즈〉가 있다.

챕터북 초기에 진입하고 나서는 단어 공부의 분량은 반으로 줄이고 책 읽기에 집중한다. 다독이 필요할 때다. 영어의 스펙트럼이 넓어지는 시기로 다양한 문체, 어휘, 표현을 독서로 자연스럽게 익혀나간다. 챕터북 초기부터 중후기까지는 어휘 난이도가 유지되어서 책을 읽다 나오는 모르는 단어를 유추해가면서 읽는 연습을 한다. 더 나아가 글의 문맥을 파악하며 주제를 찾아간다.

챕터북 후반, 노블 단계에서는 어휘를 모르면 내용 이해가 어려워지는 시기가 온다. 전체적으로 어휘 난이도가 올라간 시점인데, 이때는 단어 공부량을 늘려갈 뿐만 아니라 책에 나온 어휘를 따로 공부하는 것이 좋다.

Q9.
초등 저학년인데,
영어를 시작하기에 늦은 건가요?

전혀 늦지 않았다. 영어를 빨리 시작하면 그만큼 영어를 빨리 놓을 가능성이 많다. 오히려 이때 시작한 아이들은 늦었다고 생각하기 때문에 긴장감을 갖고 영어 공부를 지속해나간다. 아이의 두뇌도 유아 때보다 발달되어 있기에 부모의 적극성과 합쳐지면 충분히 승산이 있다. 초등학교 6년과 중학교 3년, 9년이라는 시간을 적절하게 투자한다면 영어 실력뿐만 아니라 평생의 동반자가 될 독서 습관도 갖게 될 것이다.

Q10.
초등 고학년 때도
책을 읽어야 하나요?

초등 5학년만 되어도 학원에서는 문법 특강 수업이 열린다. 중학교 영어부터는 문법이 포함되고, 고등학교 때는 어법 문제가 수능에 나오기 때문에 문법을 알아야 한다고 생각한다. 그런데 정작 문법 특강 수업을 들었는데 시간 낭비였다고 후회하는 사람을 더 많이 보았다. 단기간에 문법 전체를 공부한들 이해하기 어려울 뿐만 아니라, 금방 잊히기 때문에 큰 효과가 없다. 오히려 이 시간에 책을 한 권 더 읽는 것이 문법 감각을 넘어 영어 감각을 익히는 데 훨씬 효과적이다.

실제로 다년간 영어 원서를 읽어온 아이들에게 중학교 내신 문제를 풀려보니 정답률이 95%가 넘었다. 충분한 책 읽기를 통해 바른 문장을 익혔기 때문에 문법 문제를 푸는 데 큰 어려움이 없었던 것이다. 아이들은 본능적으로 어색한 문장을 고를 수 있었다고 한다.

중학교 문법 자체는 그리 어렵지 않다. 난이도는 시중에 나와 있는 문법 교재의 기초 단계에 해당하는 구간으로 내신 때는 학교 수업을 잘 듣고 공부하는 것이 중요하다. 진짜 문법 공부가 필요한 시기는 고등학교 때로, 이때는 어떤 어법이 쓰였는지 알아야 문제를 풀 수 있다. 이 공부는 중학교 2~3학년 때부터 시작하면 된다. 그 전까지는 영어 원서를 놓지 않아야 한다.

Q11.
영어도서관에 다니면
독서 습관을 세울 수 있을까요?

영어책에 대한 노출을 위해 영어도서관을 염두에 두는 학부모가 많다. 영어도서관에서는 아이 레벨에 따라 책이 선정되고, 가면 책 한 권은 무조건 읽고 올 수 있도록 장려한다. 학원보다는 개인적인 시스템이다. 이 시스템은 집에서 책을 못 읽는 아이에게 도움이 된다. 다양한 책이 구비되어 있어서 매번 사는 대신 빌려보는 것 또한 장점이다.

여기서도 분명히 짚고 넘어가야 할 것은 책에 대한 깊은 이해까진 어렵다는 점이다. 특성상 다수가 함께 하는 공간이기에 책을 읽는 것은 아이의 몫이고, 확인은 간단하게 말로 이뤄지는 정도이다. 책마다 AR퀴즈를 풀기는 하나 퀴즈 질문이 이해를 중점으로 하기보다 사건의 전개를 묻는다. 그러니 누가 어디서 뭘 했는지 표면적인 사건만 외워도 충분히 고득점을 받을 수 있다. 영어 레벨이 올라갈수록 복합적인 이해가 필요한데 이에 대한 연습이 되어 있지 않으면 책 읽기가 어려워진다.

한 가지 더 우려되는 점은 영어도서관에서 독서를 학습적인 개념으로 다가가기 때문에, 집에서 혹은 일상생활에서 독서의 중요성을 놓칠 수 있다는 점이다. 독서는 평생 유지해야 하는 습관인데 자칫하면 기관에서만 하는 것으로 굳어질 수 있다.

그렇다면 영어도서관의 취약점을 어떻게 보완할 수 있을까? 한 번씩 읽은 책을 빌려와 부모와 함께 집에서 대화를 나눠보는 것을 추천한다. 이렇게 하면 아이가 읽는 책 목록도 확인할 수 있고, 맞게 읽고 있는지도 볼 수 있다. 부모가 책 내용을 모르더라도 괜찮다. 아이에게 어떤 내용인지 물어보고 그 내용에 맞게 질문해 줄 수 있으면 더 좋다. 이 상황에서 우리 아이가 어떤 감정을 느꼈고, 책 속 등장인물이었다면 어떻게 했을지도 물어보고 부모의 의견도 말해본다. 이 과정은 수동적인 독서에서 적극적인 독서로 이끌어줄 수 있다.

부모가 함께할 여건이 되지 못한다면 딱 저학년까지는 노력해보자. 몸은 조금 힘들 수 있지만 저학년 때의 영어책 읽기 습관과 시간 투자는 무조건 보상받는다. 무엇보다 아이가 자신감을 갖고 영어를 자신을 표현하는 하나의 수단으로 사용하게 될 것이다.

Q12.
영어 학원을 고를 때
어떤 기준으로 골라야 할까요?

영어 학원을 다니게 될 때는 목적과 기간을 정하고 보내야 한다. 단순히 '친구가 다니기 때문에', '아이들이 주로 이 학원에 다녀서', '유명하기 때문에' 등의 이유는 우리 아이와 맞지 않을 수 있다. 현재 아이가 어떤 부분이 부족하고 학원에서 이 부분이 관리가 가능한지, 또 부족한 부분이 언제쯤 채워질 수 있을지 부모가 생각해야 한다. 그런 요건이 충족되지 않는다면 굳이 학원을 다닐 필요는 없다. 학원을 다닌다고 해서 무조건 실력이 느는 것도 아니기 때문이다.

학원에 끌려다니기보다는 똑똑하게 이용할 줄 알아야 한다. 원장의 교육철학, 커리큘럼, 학원 숙제 양, 한 반 학생 수 등이 부수적으로 고려해볼 요소이다. 원장의 교육철학이 학부모의 교육관과 맞는지, 숙제 양이 너무 많아 다른 과목에 지장은 없을지 꼼꼼하게 따져본다.

Q13.
학원 숙제는
어느 정도로 봐줘야 할까요?

아이가 학원 숙제를 스스로 할 수 없는 학원이라면, 그 학원은 아이 수준에 맞지 않는 학원이다. 학원 숙제가 부모의 숙제가 되어서는 안 된다. 그러나 여기서 오해하면 안 되는 것이, 숙제를 부모가 하지 말라는 말이지 아예 관여하지 말라는 이야기는 아니다. 특히 저학년은 학원 숙제 체크는 필수이다. 어디서부터 어디까지 해야 하고, 무엇을 해야 하는지에 대한 안내와 더불어 하는 방법을 익힐 때까지 봐줘야 한다.

리딩을 읽고 문제를 풀 때 질문은 이해했는지, 학원이 요구하는 형식에 맞게 답을 썼는지, 단어는 제대로 외우는지 등을 확인해야 한다. 이 부분에 대한 확인 없이 그냥 아이에게 맡기면 학습에 대한 구멍이 생길 수밖에 없다. 어른이 보는 시야보다 아이들이 보는 시야가 훨씬 좁다. 아이가 숙제를 하는 방법에 적응하면 그때부터는 스스로 하도록 지도하면 된다.

Q14.
영어 학습에 번아웃이 왔을 때
어떻게 이겨낼 수 있나요?

아이에게 번아웃이 왔을 때 시간이 지나면 해결될 문제라고 안일하게 생각하다 되려 영어 포기자가 되는 경우를 많이 보았다. 아이가 영어 학습을 거부한다면 분명 어떤 원인이 있을 것이다. 지금 하는 학습이 어려울 뿐만 아니라 양이 많을 때, 영어가 더 이상 재밌고 즐거운 수단이 아닌 정복해야 할 무언가가 되었을 경우이다. 자신감이 없기 때문에 영어 앞에서 주눅이 들고 점점 싫어진다.

원인 파악이 된 경우, 부모가 영어 학습이 이뤄지는 학원 혹은 학교의 수업 진도와 과제에 적극적으로 개입해야 한다. 현재 어느 부분에서 학습에 구멍이 생겼는지, 이해를 못하는 부분은 어디인지 확인한다. 이렇게 몇 번 진행하면서 나아지는 경우도 있다. 아이가 적응하고 나서는 다시 스스로 하도록 부모의 개입을 점차 줄여나가면 된다.

그러나 부모의 개입에도 실력적으로나 심리적으로 나아지지 않는다면 지금 하는 학습이 아이에게 버겁다는 신호이니 학습 레벨을 한 단계 낮추거나 학원을 옮기는 등의 조치가 필요하다. 물론 쉬운 결정은 아니지만 먼 미래를 봐야 한다. 부모의 결정으로 아이가 좀 더 재밌게 영어를 대할 수 있다면 당장은 힘들더라도 과감하게 행동해야 한다.

마지막으로 당부하고 싶은 것은, 영어 학습을 거부할 때 아예 영어에 대한 노출, 학습을 모두 그만두는 것은 추천하지 않는다. 한 번 멈추면 다시 시작하는 것이 더 어렵다. 뿐만 아니라 다른 과목에서 비슷한 경험을 하게 될 경우 포기를 먼저 생각하게 된다. 그래서 아예 모든 영어 수업을 중단하기보다는 수준을 낮추거나 학습량을 줄이는 것부터 시도해본다. 만약 아이가 좋아하는 것이 있다면 그것에 대해 나온 영어 원서를 읽어보는 것도 추천한다. 실제로 그렇게 극복한 학생이 있었다. 영어 학습으로 지쳐 있던 아이가 야구를 좋아했는데 수업 때 야구에 대한 기사를 읽어보고, 야구 선수에 대한 영어 원서를 같이 읽어가면서 영어 학습 번아웃을 극복했던 적이 있다.

수영 강습 두 번째 시간. 지난 시간에 강사가 고쳐준 부분을 최대한 기억하며 움직이려고 하니까 여유가 없었다. 특히 자유형이 고역이다. 고개를 돌릴 때 최대한 턱을 위로 치켜들고 숨을 쉬는데 그러다 보면 어깨부터 뒤틀리면서 몸의 평행이 바로 무너진다. 물이 연거푸 입속으로 들어온다. 물을 먹으니 몸은 위아래로 더욱 움직인다. 물속에서 고개를 옆으로 돌리면 입이 물속에서 반이 잠긴다. '아니, 대체 입이 반쯤 물에 잠긴 상태에서 어떻게 숨을 쉬라는 거지? 어떻게 저 끝까지 가라는 거지?' 나는 반쯤 잠긴 입으로 물을 먹지 않으려고 안간힘을 썼다. 마음이 급해진다. 세 바퀴 돈 후 물어보았다.

"선생님, 자꾸 물을 먹고 힘은 더 드는데, 이게 맞는 건가요? 가라앉으면 어떡하죠?"

"회원님, 물에 잠기는 건 당연해요. 그런데 물 좀 먹으면 어때요? 물이 입에 들어가면 푸- 하고 뱉으면 돼요. 저라고 처음부터 물 안 먹었겠습니까."

맞는 말이다. 물 좀 먹는 게 대수라고 그렇게 안 먹으려고 애썼다니. 겨우 두 번의 수업을 했으면서 말이다. '물 좀 먹으면 어때. 다시 뱉으면 되지.' 그 한마디 말이 순간 참 위안이 되어 다시 용기를 냈던 경험이 있다.

우리는 실패하지 않으려고 모든 순간 사력을 다하며 산다. 그러니 자녀 교육에 있어서도 최선을 다한다. 아이를 위한 최고의 선택을 하고 싶다. 그래서 아이에게 인생을 맡기기보다는 부모가 앞장서서 미리 선택해주고 이끌어줘야 할 것 같다.

발달심리학자들은 아이를 교육하는 데 있어서 꼭 키워줘야 할 점으로 6C를 꼽았다. Collaboration(협력), Communicatioin(소통), Content(콘텐츠), Critical Thinking(비판적인 사고), Creativity(창조성) 그리고 Confidence(자신감)이다. 여기서 의미하는 자신감은 도전하고 실패했을 때 툴툴 털고 일어나서 다시 도전하는 힘을 말한다.

'천재 발명가'로 불리는 토머스 에디슨은 어린 시절부터 숱한 실패를 했지만 늘 응원해주고 관심을 가져주는 어머니 덕분에 낙담을 극복했다. 팬데믹이라는 인류의 처절한 실패 앞에 이 점은 더욱 크게 다가온다. 모두가 실패할 때 중요한 것은 누가 먼저 시도해보느냐이다. 먼저 털고 일어나 도전하는 마음이 앞으로 나아가는 원동력이 되어준다. 조금은 덜 두려워하고 용기를 내봐도, 그러다가 물을 먹게 되어도 생각보다 괜찮을 수 있다.

이제 우리 어른들이 아이들에게 줄 수 있는 최고의 것은 틀려도 질문할 수 있는 환경과 문화를 만들어주는 것이라고 생각한다. "틀려도 혹은 달라도 괜찮아"라고 말이다. 함께 성장하길 바라는 마음으로 글을 마친다.

부록

1. 영어책 읽기 단계별 추천 도서

2. 사고력 향상 독후 활동 워크시트 활용법

1. 영어책 읽기 단계별 추천 도서

챕터북 입문기	Haggis and Tank Unleashed
	The Princess in Black
	Ricky Ricotta's Might Robot
	Horrid Henry
	Kung Pow Chicken
	Press Start
	Nate the Great
	Unicorn Diaries
	Owl Diaries
	Junie B. Jones
	Olivia Sharp
	Judy Moody and Friends
	Mercy Watson
	Enormous Crocodile
	Monkey Me
	Black Lagoon Adventures
	Winnie the Witch
챕터북 중기	Freckle Juice
	Terry Dreary
	Calendar Mysteries
	The Tiara Club
	An Arthur Chapter Book
	Isadora Moon
	The Magic School Bus
	The Zack Files
	Eerie Elementary
	Franny K. Stein
	Cam Jansen
	Dragon Masters

챕터북 중기	Horrible Harry
	Ready Freddy
	Magic Finger
	Magic Tree House
	Marvin Redpost
	Critter Club
	Heidi Heckelbeck
	My Weird School
	The Notebook of Doom
	Captain Awesome
	Super Turbo
	Galaxy Zack
	A to Z Mysteries
	Roscoe Riley Rules
	Rainbow Magic
챕터북 중후반기	Ivy and Bean
	Amber Brown
	My Father's Dragon
	Alvin Ho
	Gangsta Granny
	Bad Dad
	Fantastic Mr. Fox
	Nancy Drew
	Magic Tree House Merlin Mission
	The Boxcar Children
	Flat Stanley
	Geronimo Stilton
	Judy Moody
	Stink

챕터북 중후반기	Daisy
	Wayside School
	Clementine
	George Brown
	Captain Underpants
	Sarah Plain and Tall
	Stone Fox
	Chocolate Fever
	Charlotte's Web
	Stuart Little
	Trumpet of the Swan
	Who was/is?
챕터북 후반기	Bunnicula
	I Survived
	There's a Boy in the Girl's Bathroom
	Frindle
	Lunch Money
	The Report Card
	No Talking
	Fudge-A-Mania
	Tales of a Fourth Grade Nothing
	Henry Huggins
	Romona
	The Lemonade War
	James and the Giant Peach
	Charlie and the Chocolate Factory
	Matilda
	Mr. Popper's Penguin
	A Long Walk to Water
	Where is ?

노블	When You Trap a Tiger
	Because of Mr. Terupt
	The War that Saved My Life
	Rules
	When You Reach Me
	Out of My Mind
	A Wrinkle in Time
	Hoot
	Hello, Universe
	The City of Ember
	The Land of Stories
	The Penderwicks
	The Chronicles of Narnia
	Holes
	The Giver
	Number the Stars
	The Cricket in Times Square
	Because of Winn-Dixie
	Hatchet
	Wonder
	Harry Potter
	Percy Jackson
	The Chronicles of Narnia

2. 사고력 향상 독후 활동 워크시트 활용법

1. All About the Character

책 속의 등장인물 한 명을 정해 분석해보자. 이 인물의 생김새와 성격, 특징 등을 나열해본다.

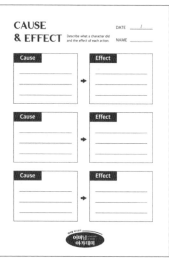

2. Cause and Effect

등장인물이 한 행동과 그에 대한 결과가 어떻게 나타났는지 써본다. 인과 관계를 파악하다 보면 이야기의 핵심이 분명해진다.

3. Character Comparison

이야기에서 나온 등장인물 2명을 비교해보자. 어떤 차이점이 있었고, 어떤 공통점이 있는지 찾아보자.

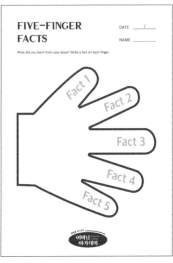

4. Five-finger Facts

책을 통해 배운 5가지 사실을 찾아 써보자. 다시 찾아보고 써보면서 배운 것들을 익혀본다.

5. Main Idea and Details

이야기의 주제와 세부 내용이 무엇인지 적어보자. 자연스럽게 이야기의 줄거리도 완성하는 연습이 될 수 있다.

6. Story Elements

이야기의 구조가 어떻게 되는지 살펴보자. 등장인물, 글의 배경, 줄거리를 각각 정리해보자.

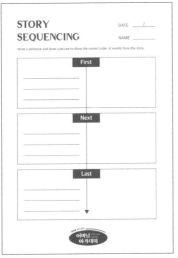

7. Story Sequencing

이야기의 순서를 나열해보자. 간단한 글과 함께 그림을 그려 넣어 어떤 장면들이 있었는지 떠올려보자.

8. The Character and Me

책 속의 등장인물과 내가 어떤 점이 비슷하고 다를까? 여러 특징들을 생각해보고 비교해보자.

영어 질문 독서법

초판 1쇄 인쇄 2023년 7월 25일
초판 1쇄 발행 2023년 8월 10일

지은이 대치동 헤더샘
펴낸이 하인숙

기획총괄 김현종
책임편집 정지현
디자인 STUDIO BEAR

펴낸곳 더블북
출판등록 2009년 4월 13일 제2009-000020호
주소 서울시 양천구 목동서로 77 현대월드타워 1713호
전화 02-2061-0765   **팩스** 02-2061-0766
블로그 https://blog.naver.com/doublebook
인스타그램 @doublebook_pub
포스트 post.naver.com/doublebook
페이스북 www.facebook.com/doublebook1
이메일 doublebook@naver.com

ⓒ 대치동 헤더샘, 2023
ISBN 979-11-93153-05-5 13740